清水さんにあいにこないか

京都・清水寺
大西 英玄
大西 晶允
大西 皓久
森 清顕
共著

日本ビジネスプラン

刊行に寄せて

本書は清水寺の若手僧侶四名による初めての共著であります。年齢は四十歳を先頭に、あとはいまだ三十代にあり、共に子どものころより清水寺山内で大きくなり、平成元年にこれまた共に得度して清水寺の徒弟となりました。大学はそれぞれ好むところに進んで、卒業後、時期は異なりますが各自、高野山恵光院で加行《けぎょう》を受けました。それからは寺務所にあって、日夜、庶務に、布教活動にと従事し、寺を支える資として精励しているところであります。

＊

清水寺は末寺・檀家を持たない寺であり、したがって地方に信者の団体がないままでやってまいりました。そこで私は日本各地との交流関係を図るため、二十数年前より縁故をたより「音羽の会」と称する信者の会をもうけてまいりました。すなわち津軽、那須、滑川、名古屋において誕生をみて着実な歩みを重ねているところです。年に一度、あるいは毎月というように活動は一様ではありませんが、法話を中心に据えた会であります。法話は必ず本講と前講の形で行いますが、それぞれの地の担当を決め、その前講を担当していますのが彼らであります。今では各音羽の会の方々が寺の年中行事にも参加され、彼らが導き手となって清水観音信仰を深めていただいているのです。

このほかにも毎月二回の仏教文化講座があり、毎月の洛陽六阿弥陀まいり、音羽会、心の講座があり、ここでも前講を勤めているばかりでなく、私が定期的に参ります近隣遠地の講座に随行して、可能な限り講話を受け持っているのであります。そして、このような法話ばかりでなく、執筆活動や国際交流への参画、大学・高校への出講というように活動の場を広げているところです。

＊

本書はこのような若手僧侶の日常生活から生まれてきたものであります。信者の皆様に語りかける思いを込めてタイトルを『清水寺にあいにこないか』としました。語り口、話す内容は四者四様です。いまだ熟さず、足りないところもありますが、これから清水寺を担って大きく羽ばたいていくスタートラインに立っていることを物語るものになっていると確信しています。

＊

清水寺は時あたかも「平成の大修理」の最後の大工事であります国宝・本堂の檜皮《ひわだ》屋根葺《ふ》き替《か》えに入っており、あと数年で諸堂が一新します。本書がその記念の刊行となることを喜びたいと思います。その実現を後押ししてくださった大西真興執事長、坂井輝久学芸員、編集の株式会社ペネット代表取締役・髙梨直樹氏に感謝申し上げます。

平成二十九年七月喜寿の日

清水寺貫主　森　清範　識す

清水寺にあいにこないか　目　次

目　次

題字／清水寺貫主　森　清範

◇大西英玄法話◇

仏さんと向き合う、自分自身と向き合う

□心身の予防と準備

私がおります清水寺には、僧籍を預かる者が全部で八人おります。皆さん、テレビや新聞で見ているかと思います日本漢字能力検定協会の「今年の漢字」一字を毎年暮れに揮毫《きごう》しておりますのが、森清範と申しまして、清水寺の住職です。私の世代の僧侶は四人おりまして、その四人が交代で一年に一度、壬生寺のご縁をいただいて法話をしております。最初にご縁をいただきましたのが私、大西英玄《えいげん》でして、四年がたち平成二十八年は順番がちょうど一巡して、再び私の番になりました。このたび清水寺について話し始めるのにちょうどよい内容でしたので、そのときの法話を紹介してみたいと思います。

今、言いました同世代の四人を歳の順で行きますと、いちばん体格のいい森清顕《せいげん》。その次が私、大西英玄、次に体格で申しますと、いちばん小さいのが大西皓久《こうきゅう》、そして最後がちょっと歌舞伎役者の市川海老蔵に似ていると周囲から言われる大西晶允《しょういん》となります。名前になんの統一感もありませんので、なかなか覚えるのは難しいとは思いますが、何度かお参りいただいて少しずつでも結構ですので、清水寺にはこんな若い僧がいるのだと覚えていただけたら大変うれしく思います。

さて、壬生寺は京都の街中にあって、壬生狂言で有名ですが、その壬生寺と清水寺とは、大変法縁の深いつながりがあります。京都市内に約千五百ほど、今でも寺があるのですが、南都、すなわち奈良仏教にゆかりのある寺は、壬生寺と美しい蓮の花で知られている法金剛院と清水寺だけです。私たちが日頃着けている襷《たすき》のような袈裟、奈良袈裟と言いますが、このような形の袈裟を着けているのは、南都仏教にゆかりがある寺でして、京都には三か寺しかありません。

奈良仏教と言いますと、南都六宗と言われます。三論《さんろん》、倶舎《くしゃ》、成実《じょうじつ》、法相《ほっそう》、華厳《けごん》、律《りつ》の六宗です。現在残っておりますのは、法相、華厳、律の三つだけです。華厳宗の本山は東大寺、律宗の本山は唐招提寺、法相宗の本山は今で申しますと、興福寺であったり薬師寺であったりです。法隆寺ももともと法相宗だったのですが、現在は聖徳太子ゆかりの寺ということで、聖徳宗を立宗していて、単立の寺院になっております。清水寺も実はもともと興福寺の末寺の法相宗の寺だったのですが、今は北法相宗の寺として法隆寺と同じように単立の寺院となっております。

壬生寺と清水寺との法縁は、それだけではありません。壬生寺には中院という子院がありますが、その壬生寺中院と清水寺とは平成洛陽三十三所観音霊場という同じ観音さんをご本尊とする札所の仲間です。もともとこの霊場は大変歴史が古く、後白河天皇が当時、広域で、それこそ命がけの巡礼でした西国三十三所観音霊場に代わるものとして、洛中である京都市内に、同じ観音さんの霊場を定めたというのが起源と言われています。幾多の衰退と復興を繰り返してきまして、このたび平成の大復興を成し遂げ、平成二十七年に十年目の節目を迎えました。中院住職さんは、復興に至るときから今日まで、最前線でずーっと尽力をいただいております。

この二つだけでも十分に深い法縁ですが、さらにもう二つあります。壬生寺のご住職様と清水寺の住職は、仏教倶楽部という創立以来半世紀以上の歴史を持ちます組織のメンバーです。その組織というのは、京都を中心に仏教関係者、出家者、在家者のみならず、さまざまな関係者が集まり、共に社会への布施行に努めています。

そして、ある意味、これがいちばん深い法縁と言えるのかもしれませんが、中院の住職さんと私ども四人、つまり先ほどから話しています清水寺の若い世代の森清顕、大西英玄、そして皓久、晶允、あとの大西姓の三人は実は兄弟ですが、この五人とも「ご飯仲間」なのです。京都で袈裟といったような衣を扱っておりますす法衣店の導きで、奈良の興福寺や薬師寺、法隆寺におりますす同世代の僧侶方、京都からは中院の住職さんとその弟さん、そしてわれわれ四人がふた月に一遍ほど、奈良と京都を行き来しまして、互いに情報を共有し、叱咤《しった》激励し合ったりして、一緒にご飯を食べさせていただいているのです。このようなことを話すのは、奈良仏教の流れを受ける若い僧侶が宗旨を越え、共に歩んでいることを知ってほしかったからです。

おかげさまで私ども清水寺の四人は、山内外にて次第にさまざまな法務を担うようになってきました。その分責任も以前より増し、今まで以上に自身を大切にしよう、心身の予防と準備をしてできるだけ良い状態で、一つひとつ丁寧に務めていこうという思いをこれまでより強くしているわけです。

「えっ、お坊さんもそうなのか」と驚くかもしれませんが、心身を整えるために、例えば月に一遍歯医者に行ったり、私は花粉症ですので、事前にケアをしたり、あるいは日々ストレッチをしたりします。特に私は少し背が高く、百八十五センチあるものですから、これまで何度かぎっくり腰をしたことがあります。西洋ではぎっくり腰を魔女の一撃と言うそうですが、いつなんどき魔女が訪れるかわかりません。以前ぎっくり腰をしたのは、家で掃除機をかけていたときでしたし、その次は風呂を洗っていたときでした。周りの人に言わせますと、「慣れてないことをするからや」と冷やかされました。そこで魔女が訪れないために、定期的に接骨院に行きケアをしたり、自分なりにできる予防法をしたりしています。

自身の拙い経験上ですが、良い病院の良い医者にめぐり合うためには、まず自分が良い患者にならなければいけないと思うのです。私は膝の手術をしたことがあり、リハビリも含めて一か月くらい入院しました。リハビリ室で日常よく見ていますと、どんどんよくなる患者と、なかなか快方に向かわない患者とがいました。その違いはなんなのか、それは自身がまずもって良い患者になることが大事だそうです。医者に治してもらうのではなく、医者は治すきっかけ、そういった道へ導いてくださるだけの人だということをある先生がおっしゃっていました。

実は先日、息子を抱きながら少しよろよろとなって、足を踏ん張ったときにまたぎっくり腰をしてしまいました。これだけ日々気をつけているのになんでやねというふうに、やはり思ってしまいました。

この間偶然見たテレビで、普段から非常に健康に気を使い、お腹を減らすほうが、健康につながるという考えのもと、一日一食しか食事をせず、しかもビーガンという芸能人が出ておりました。肉や魚を食べないベジタリアンは聞いたことがあると思いますが、このビーガンとは、これに加えて卵や乳製品など、要するに動物性たんぱく質を口にしないというような方です。五十代半ばくらいのその芸能人は、さらにヨガや、健康にいいとされる、ありとあらゆるものを取り入れていました。

では実際に、この方の健康状態はどんなにすごいものなのか、精密検査をしてみようという番組の企画だったわけです。肉体的にはやはり、ある程度頑張った労が報われるような数値が出ていましたが、結果的にはおおむね年相応というものでした。それどころか、ある数値は平均以下という、労に大きく反比例した結果になってしまいました。

聞いていますと、タンパク質の不足によるものでした。それはそうです、動物性タンパク質を摂らないのですから、不足するに決まっています。加えて極端な食生活によるストレス等による結果だと医学的な診察が下されました。この芸能人は随分とショックの様子でした。自分でもある程度健康に対して自信があったわけで、まさに青天の霹靂《へきれき》と申しましょうか、真逆の結果になってしまったわけです。

同じく偶然見かけた雑誌で、興味深い記事が掲載されていました。三遊亭京楽さんという落語家がある日、縁あって和田アキ子さんと銀座でちょっと酒を召し上がっていたそうです。もちろん二人だけというのではなくて、何名か一緒の席でした。小さな店だったのですが、三遊亭京楽さんや和田アキ子さんらのほかにもお客さんが数名おられました。

すると酔ったお客さんの一人が、和田アキ子さんがいるのに気づき、「おっ、和田アキ子やないか。お前、ちょっとこっちに来て一曲歌わんかい」と、こう始まったわけです。酒を飲んで気持ちが大きくなるといいますか、それはわからないではないのですが、和田さんは、しばらくこの方を無視していたそうです。しかししつこく言ってくるので、ほかのお客さんの迷惑になっては申し訳ないということで、その酔っ払った方の前に行って、こう切り出したそうです。

「大変失礼でございますが、あなたのご職業はなんでございますか」

「おー、わしか。わしは宝石商や」

「では、お尋ね申します。私があなたのお店にまいりまして、あなたのお店で扱っておられます宝石をタダでくれと言いましたら、あなたはどうされますか」

「そんなもん、あげるわけないやろ。売りもんやぞ」

「当然でございますね。同じように、私にとって歌は、私の売りもんなんです。この場で、タダでお聞かせするわけにはまいりません」

こう言われたわけです。一連のやり取りを聞いていました周りのお客さんは、拍手喝采《かっさい》でした。和田さんはテレビでお見かけする通りちょっと強面《こわもて》の印象があるだけではなく、一人の人格者としても大変素晴らしいものを持っているというお話でした。

三遊亭京楽さんは横浜の出身ですが、京都学園大学に水墨画を習いに通学されていたそうです。ある日、その学校の帰りに、京都駅近くの居酒屋で一日の労をねぎらって一杯やっていたそうです。すると店にいたお客さんが「おっ、お前は京楽やないか。ちょっとこっちに来て落語の一つも披露せえ」と言ってきました。京楽さんは「よし、ここやな」と先日の和田アキ子さんを思い出しました。その方の近くに行かれて、「失礼ですが、あなたのご職業はなんですか」と、きわめて冷静に話し始めたわけです。「わしか。わしは牛乳屋や」「じゃあ、お尋ね申します。私があなたのお店に行って、あなたのお店の牛乳をタダで飲ませてくれと言ったら、あなたはどうされますか」「そんなもん、なんぼでも飲ましたるわ」お客さんにこう言われてしまいまして、京楽さんは、さんざん落語を披露させられてしまったというオチでした。

人生はなかなかうまいことといかないものです。私のぎっくり腰一つとってもそうです。入念な予防策と日々の心身の準備をしていると申し上げましたが、そのような準備をしていますと、どうしても準備の対価としてある程度、意識的か無意識的かは別として自分にとって好ましい結果を期待してしまうものです。しかしそれらは自身の欲に基づいたものが多く、本来われわれが当たり前と認識しがちなさりげない、些細《ささい》な日常の中にこそ本当の喜びがあると思うのです。

そこで、われわれ仏教寺院をあずかる僧籍の者は、皆さんにちょっと立ち止まって、ぜひとも仏さんと対峙《たいじ》していただきたいと願うのです。その仏さんは、お地蔵さんであってても、観音さんであっても、阿弥陀さんであっても、自身の中にある仏さんでよろしいかと思いますが、その仏さんを見つめて、ぜひとも自分自身に徹していただきたいと思うのです。そうすることによって、誠の喜びと幸福を見いだして、今日一日、命をいただいているなと気がついて、一日存命の喜びをもって過ごしていただきたいと願うわけです。

□仏さんは自身の心の中に

仏さんと対峙すると言いましても、その意義や定義というのは、実はさまざまにあろうかと思います。一説によりますと、お釈迦さんの教えが八万四千通りあると言われます。皆さんは日々それぞれの人生を過ごしています。この毎日を一生懸命暮らすということが、すでに行《ぎょう》を行っているのです。

それに加えて一定期間、定まった行法を修するということを加行《けぎょう》と言います。私が加行でお世話になったのは高野山です。弘法大師さんが開かれた日本仏教界の聖地の一つですが、そのお大師様のお言葉を借りますと、こうあります。

夫《そ》れ、仏法遥《ぶっぽうはる》かに非《あら》ず、心中《しんちゅう》にして、即《すなわ》ち近《ちか》し（『心経秘鍵《しんぎょうひけん》』）

仏法は遥か遠くにあるのではなくて、心の中にあって、すなわち近いものですと言います。この言葉を借りるとするならば、仏さんはどこにあるのか、それは自身の心の中にあるということです。

つまり仏と対峙するとは、ある意味で自身と向き合うことと同じではないかと思うわけです。では自分自身と向き合うとは、どういうことなのでしょうか。「そんなことをしなくても、私も人生何十年生きてますから、自分で自分のことは、ある程度わかってます」とおっしゃる方が大多数かと思いますが、仏教的な「自身と向き合う」というのは、少し別のところに意味合いがあると思うのです。

ここで一つ例えを話します。有名な例えですので、ご承知の方がおられるかもしれません。ここにガラスの器があります。水を注ぎますと、それは飲むグラスになります。花を生けますと、花立てになります。ここに数字のゼロがあります。ゼロはそれ一つで数学的な定義がありますが、例えばほかの数字とくっつくことによって十や百といった別の数になります。ここに白い画用紙があります。それだけでは白色ではなくて、赤や黄や青や緑といった別の色と混じり合うことによってはじめて、白という色が存在することになります。

われわれもまた同様です。ガラスの器、数字のゼロ、白い画用紙と一緒です。例えば大西英玄は、これまで出会ったすべての人、行ったことのあるすべての場所、過ごしたことのあるすべての時間、思い出、経験、先祖や自然現象、森羅万象、このように風呂敷を広げたらキリがありませんが、それらの諸縁の交わり、集合体、その結果が今の大西英玄であるわけです。これまでの結果であり、今後の過程です。つまり、私が私自身と向き合うということは、それらの諸縁と向き合うということと同じであるというわけです。

皆さんもまた同様です。皆さんが「自身と向き合う」ということは、皆さんがこれまでご縁があったすべての集合体と向き合うことと一緒です。だからこそ、周りに対して誠実でなければなりません。なぜなら周りは皆、皆さんの一部であるわけです。その皆さんの一部に対して不誠実であることは、結果的に皆さん自身に対して不誠実であることにつながると理解するわけです。

例えば誰かと出会ったとします。すると、その方を知るという過程が「用意ドン」でスタートします。同時に、その方とのご縁を通して、自分自身をより深く知るという過程も一緒に始まると思うわけです。

仏さんと向き合う、自分自身と向き合う

だからこそ「仏さんと向き合う」とは、ある意味で「自分自身と向き合う」ことと同じであり、「自分自身と向き合う」とは、自分と縁があったすべてのものと向き合うことと同じであるということです。しかしながら、いきなり大きな縁の中にいる自身をイメージするのは難しい。ですから、まずは自身にとってなじみの深いもの、親しいもの、大切なものから始めても結構かと思います。もちろん家族でも友人でも、日頃からお世話になっている方々でも結構です。あるいは自身にとっての思い入れの深い場所とか、かけがえのない経験とか、思い出とか、なんでも結構です。そういったものと向き合うことが、皆さん自身と向き合うことなのです。なぜなら、それらは皆、皆さんの一部であるからです。と同時に、皆さんもまた周りの一部であるのです。ここに出会いの責任というものが生まれるのではないかと思うわけです。

こういった過程の中で、周りの支えであったり、存在であったり、助けであったりによって、今の自分自身があるのではないかというようなことに気づいて、そこに誠の感謝の念を見いだすことが、月並みな表現ながらやはり大切だと思うのです。さらに加えるならば、自身のみならず自らを支え助けてくれる対象の無事や安心を願う、それが祈願であり、その思いが先祖へと広がると供養となるのです。

われわれは皆、今回の人生を誰々の何がしとして生を受けたわけですが、ほかとの比較ではなくて、あくまでも今この私である自身に徹して、自身と向き合うことによって、真の喜びや感謝、幸せを見いだしていくということが、仏教の大きな願いの一つではないかと思うわけです。

□本気で、真剣であること

清水寺の中興開山大西良慶和上は、明治八年の生まれで、大正三年に清水寺に晋山して以来、六十九年間、今日の清水寺の礎を築き上げてきました。清水寺にとってまさに中興の祖でありまして、昭和五十八年、お釈迦様と同じ涅槃《ねはん》の日に遷化《せんげ》されるまで、大衆布教に勤められました。

ここで、和上の言葉を二つ、紹介したいと思います。和上は、独特の口調で、それは良慶節などと呼ばれて親しまれていたそうです。

人間は、いつも喜びを持っていれば、なんでも気持ちよく受け入れられるの。不満があれば、どれも身に着かないの。つまるところ、喜びか苦しみか、それによって決まるの。

仕方なしに生きている長命は、意味ないの。貧之の喜びがあるように、自分の世界に喜びを持たな、なんでも苦になるの。

＊

このような人生の境地に至るにはどうしたらよいのでしょうか。先ほどから話していますように、仏さんと向き合うことによって、皆さんが自身の生活の中に誠の喜びを見いだしていくことができるのではないかと思います。

では仏さん、つまり自身と向き合い、誠の喜びを見いだすために必要なことはなんなのでしょうか。もちろんたくさんあろうかと思いますが、ここで一つだけお伝えしたいと思います。それは、とても単純なことです。本気で、真剣であることです。

わかりやすい例として、スポーツを取り上げてみたいと思います。高校野球の選手たちのひたむきな姿は、見ているわれわれの心を打ちます。それはファインプレーと言われるような素晴らしいプレーのみならず、とても追いつけないとわかっているようなボールに飛びつくといったプレーや、アウトとわかっていても一塁まで全力疾走するプレー、また攻守交代になり外野から全速力で走ってくるといった、たくさんの場面をすぐに思い浮かべることができます。ここにはまさに本気で、真剣である姿があります。

話は変わりますが、われわれは今、世界中どこにいてもインターネットメールを通して、相手にメッセージを送ることができます。私もアフリカの僻地《へきち》で、ボランティア活動をされているお医者さんとご縁をいただいているのですが、彼は私よりも頻繁にメールをしているのではないかと思います。

アフリカの僻地のようなところでもインターネットメールはできるわけですが、このような環境に慣れ親しんでしまったわれわれは、例えば相手から手紙やメッセージを受け取ったときの喜びや感動は、どうでしょうか。きっと昔のほうがはるかに大きかったのではないかと想像できます。

春になると境内でもたくさんの桜が花を咲かせますが、この人と心から一緒に時間を過ごしたい、この人といるときは楽しいなと思える方と見る十本の桜と、言い方は悪いですが、気をつかってしかたがない方と見る五十本の桜では、おそらく前者のほうがわれわれの心を打つ気がします。

なんの努力もせず、誰かからもらった十万円よりも、一生懸命稼いだ十万円のほうが当然値打ちがあるわけです。つまりわれわれは、出来事そのものに喜びや幸福を覚える絶対的な条件があるわけではなく、その出来事に対してどれだけ自身がかかわったか、どれだけ本気で真剣であったかということが、喜びや幸福を見いだす大きな要因になるのではないかと思うわけです。

例えば、「そんなことしてどうなりますか。もうかりますか」「頑張ってどうなりますか。どうせ結果は変わりませんよ」「今さら、そんなことしてかっこ悪くありませんか」などと、ものごとをわかったふうに表面的にとらえがちですが、それは本気や真剣さが、もしかしたら足りていない、まだまだ不十分である場合が往々にして多いような気がします。なかには、「そんな汗水垂らさなくても、暑苦しい生き方しなくても、それなりに私の人生、幸せです。楽しいです」とおっしゃる方がいるかもしれません。しかし、その楽しさは総じて曖昧《あいまい》なものではないかと思います。

われわれが楽しいと思うものの多くは、実は変容苦《へんようく》といって、苦しみが形を変えた状態とよく言われるわけです。例えばお腹が減って、ご飯を食べて「ああ、おいしいな」と、最初は大変な喜びですが、お腹一杯になっても、「もっとどうぞ、もっとどうぞ」と勧められますと、「もう食べきれへん、苦しいな」と言って、今度は苦しみに変わります。

皆さん日々いろいろなことがあって、「たまには温泉行きたいな」「旅行行きたいな」「海外行きたいな」などと言って出かけて行きます。行ってしばらくは楽しいのですが、長らく家を留守にすると、「やはり家が落ち着くなあ」という気持ちになって、ホームシックとは言いませんが、ちょっと家に帰りたくなるものです。このように楽しみは曖昧なものです。

これに対してできるかどうかわからない、良い結果になるかどうかもわからない、しかしとにもかくにも本気で、誠実に、日々真剣に向き合っていく、そのような姿勢が、誠の喜びや幸福を見いだす支えになるのではないかと思うわけです。さらにはそれが時に感動を生んで、皆さんそれぞれの励ましにもなるのではないかと思います。

われわれの周りの社会には、「あの人はすごいなあ」というような活躍をされている方々がおられます。あるいはわれわれの日常の生活の中で、光を放つがごとく、生き生きと過ごされている方がおられるかと思います。これらの方々には、日々の自身の生活ひいては命に対して、本気で、真摯《しんし》に向き合っておられる、そういった共通の姿勢がどこかで見てとれるのではないかと思います。

人から教えていただいたスポーツにまつわる話をもう一つ紹介します。

二〇一四年、ソチ冬季オリンピックでの出来事です。クロスカントリースプリント男子競技で、要はスキー板を履いたマラソンのような種目だそうですが、地元ロシア代表のアントン・ガファロフという選手が競技の最中に転倒して、スキー板が壊れてしまいました。彼はそれでも立ち上がり、何度も前に進もうとするわけです。しかし前に進もうとするたびに、また倒れてしまい、とうとうスキー板が真っ二つに折れてしまいました。

もうこれまでかと誰しもが思ったときに一人の方が突然、一本のスキー板を持ってコースに入ってきたのです。その人はカナダのコーチだったのですが、ガファロフ選手に自身が持ってきたスキー板を履かせました。それでガファロフ選手はレースを再開することができて、結果的にほかの人とは大きく遅れたものの、無事に完走したという話でした。

実はこの話には続きがありました。このロシアの選手を助けたカナダのコーチの奥さんは元アスリートで、二〇〇六年のトリノ冬季オリンピックでスキーの距離団体競技の一員だったそうです。当時奥さんのチームメートが、団体スプリント競技の決勝でストックが折れてしまうというハプニングに見舞われました。決勝の大舞台で、もちろんメダルがかかっています。まさかの出来事が起きて、メダルが絶望的と思われたときに、もっと信じられないことが起きました。同じ決勝に出ていたノルウェーのコーチが、コースに飛び出してきて、カナダの選手に新しいストックを渡したのです。

実はストックが折れたときにカナダは四位まで後退して、メダルが届かない位置だったそうです。一方でノルウェーは、カナダより前にいて、メダル圏内でした。もちろんノルウェー側からすれば、そのまま放っておいたら強いカナダは脱落して、自分たちのチームのメダルがほぼ確実と言われていた中で、このノルウェーのコーチは、ためらうことなくカナダの選手にストックを渡したわけです。結果的にどうなったかと言うと、カナダチームは再度順位を上げて銀メダルを獲得、一方のノルウェーは、残念ながら四位に転落して、メダルを逃してしまったのです。

普通に考えたら、オリンピックという四年に一度の大舞台で、しかも国民のメダル獲得の期待が大きい競技で、当然メダルにこだわるのであれば、ノルウェーのコーチの行動は考えられないわけです。実際このコーチは自分のせいでノルウェーがメダルを逃したということで、帰国後誹謗《ひぼう》中傷されることを覚悟していたそうです。しかしこの行動はカナダ、ノルウェー両国で大きな話題になり、誰もがこのコーチを讃《たた》えました。

余談ですが、カナダからコーチのもとへ七千個以上のメープルシロップが届けられたそうです。もう一生かかっても食べきれない量です。そればかりではなく、ノルウェー国内でも、このコーチがフィールドワークとして支援しています慈善団体に、いろいろな方から多額の寄付が寄せられたりというような、良い大きな流れが生まれたそうです。

オリンピックにおいてメダルを獲得するとか、しないとかはあまり重要でない。そのような綺麗事《きれいごと》を言うつもりはありません。当然オリンピックのメダルには、想像をはるかに超えた重みがあります。しかしオリンピックの本質というのは、もっと深いところにあることをこのコーチは示したように思うわけです。それはこのコーチ自身が、オリンピックという真の縁に対して、もう誰よりも本気で、真摯に向き合っていたからではないかと思います。

□周りとのつながり、周りとの支え合い

先に申し上げましたが、社会でしかるべき活躍をされている方々、あるいはわれわれの日常生活の中で光を放つがごとく日々生き生きと過ごされている方々、つまり自分自身の生活、また自分の命に対して、本気で誠実に向き合っている方々には、共通して持っておられる特徴があります。それは縁の重みをよくよく知っているということです。自分自身と向き合えば向き合うほど、たくさんの支えや助けがあって、今の自分がある。だからこそ、周りとのつながりということについて直接的なもののみならず、間接的なもの、目に見えないものに対してもそのつながりを自覚します。

そして周りとのつながり、周りの支えによって今の自分があるということを自然と理解することによって、周りへの感謝の念が、心から湧き上がってくるものだと思うわけです。その心から湧き上がってくる感謝の念とともに、先ほどは出会いの責任と言いましたが、自分自身もまた周りにとって良い縁でなければなりません。良い縁を創造しようと勤めなければなりません。

これを仏教的に噛《か》み砕《くだ》いて言いますと、仏の存在を見いだし、また自身も仏さんになろうとすることです。その道のりは果てしないものかもしれませんが、良い縁になろうとして一歩一歩歩みを始めているというような解釈になろうかと思うわけです。

つまり自分を支えているすべての対象が縁であり、すべてが仏さんであり、自分自身もまた、周りを支える対象になろうと勤める、つまり周りにとっての仏さんになろうと努力するというような理屈となります。

エスティーローダーという化粧品の会社をご存じでしょうか。世界的に事業を展開している大変大きな会社ですが、同社は乳がん啓発ピンクリボンキャンペーンを二十年以上続けておられます。清水寺では、その趣旨に賛同して十月一日より一か月間、境内をピンクに染める点灯をしています。正面の仁王門と、もう一つ上の西門《さいもん》、さらに三重塔、そして夜間拝観の時期に観音さんの慈悲の光を具現化した観音慈光と言っています光もまたピンク色に照らします。

十月一日の初日には、本堂もピンクにして、住職を導師として、残念ながら乳がんで亡くなられたすべての方々のために一座の追善供養を執り行うとともに、拝観時間に制限はありますが、拝観自由の特別開門をして、趣旨に賛同してお参りに来られた方々に、共に手を合わせていただいております。

その特別開門の拝観時間は七時から九時までのだいたい二時間くらいですが、おおよそ三、四千人がお参りになります。その半分以上は、ピンクに照らされた諸堂伽藍《がらん》のもの珍しさを見学したいというので来られたのかもしれません。「あ、ピンクや」「かわいいな、きれいやな」という声があふれていました。特に若い女の子などは、キャーキャー言って写真を撮っておりました。

しかしなかには、やはり本当に真摯な思いを込めて、手を合わせている方々がおられます。お一人、お一人、ひょっとしたら家族を、もしくは自身にとって親しい方を乳がんによって亡くされた方なのかもしれません。

一昨年の話ですが、手を合わせておられる方々の中に、ピンクリボンキャンペーンのライト設営を担当しておられる責任者の姿がありました。この方は男性で、のちほど話をする機会がありうかがいますと、自身が少し前に食道がんを患われたそうです。まだまだ元気で若い方です。もちろん、現場の第一線に立ち陣頭指揮をされていた方ですが、自身の身体がどうなるのか、いつ手術となるのか考えますと、ライト点灯の当日まで続けられるかどうか、少々不安であったようです。幸いにも早期発見であったそうですが、本人の固い意志と医者の助言もあって、無事その日を迎えることができたという喜びと安堵のお声を聞かせていただきました。

少しでも多くの方に、乳がん啓発の思いを伝えたい。あらためて亡くなられた方々へ追悼の誠を捧げたいと、そのような思いで当日を迎えられたこの方は、ほかの誰よりも仕事をして、誰よりも真摯に手を合わせておられたのです。

幸い後日、無事に手術を終わって、今まで以上に周りを引っ張り、先頭に立って活躍する姿を拝見することができました。

私はこういった方と一緒に仕事ができたことを大変ありがたく思うとともに、自らの勤めと責任に対してあらためて激励を受けたように感じました。われわれは自分自身が、または自分にとって本当に親しい方が当事者にならないと、自分のこととしてなかなか自覚することができないものです。

事故や天災、病気、どれも同じことが言えます。東日本大震災があったり、また世界を見渡しますと、ネパールや台湾でも大きな地震があったり、フィリピンでは史上最大級と言われるような台風が襲ったり、いろいろな天災がたくさんありました。「かわいそうやな、何かできへんかな」「募金でもしようかな」というような同情は多少できたとしても、それを自分のこととして認識できない現実があります。

これは人間である以上、ある程度しかたのないことかもしれません。なぜなら皆さん忙しく、また抱えている問題もそれぞれです。そのような現実の中でも、「これは誰かほかの人の問題ではなくて、みんなの問題です。誰にも起こり得る問題です」「どうか気をつけてください。どうか注意してください。どうか一緒に頑張りましょう」とこう言って、社会に、われわれに対して訴え続けている個人や団体が、実はたくさんあります。

これらの声は当事者でないわれわれに、なかなか届かないかもしれません。われわれもなかなか実感を持って耳を傾けることができないかもしれません。しかしこのように、われわれの日常には、気づいていないだけで、実は無数の善縁、つながり、支えというのは、思っているよりもたくさんあるのではないかと思います。

□命の布施

生老病死、四苦八苦というように仏教では苦しみを出発として説きますが、これもまた然《しか》りです。若くて元気なうちは自分自身のこととして、なかなか想像することができません。まるで水と氷のように、命の誕生から少しずつ死の歩みが当然始まっているわけです。最初は氷一〇〇パーセント、水ゼロパーセントだったものが、やがて氷がゼロパーセント、完全に水一〇〇パーセントになったときを死とすると、生の割合がだんだん減っていくことが、例えば老いであったり、病であったりするわけです。つまりこの四つというのは、一連の流れとしてつながっています。

現在はどうかわかりませんが、アメリカの生態学の教科書に載っていたアリゾナ州のケイバブル自然公園で起きた出来事です。公園当局は当時、鹿を繁殖させるために、鹿の天敵である肉食動物をたくさん殺しました。ピューマやオオカミ等を殺したのです。想定通り、最初は鹿の数が増えました。しかしあるところまで増殖しますと、今度は鹿の数が逆に減っていったのです。天敵はいなくなったはずなのに、なぜ減っていったのか分析していきますと、死因に大きく二つあることがわかりました。一つはストレスです。鹿が増えすぎてしまって、これまでなじみのある環境とかけ離れてしまいストレスを感じていたのです。もう一つは食料不足です。急に鹿の数が増えていったために、鹿の食料となる植物を育む環境が追いつかなくなったためで、やがて一気に、絶滅に近い状態になってしまったそうです。

多様な生物がこの地球には混在していて、食物連鎖といわれていますように食う、食われるという関係を保ちながら、それぞれの生物が維持され、多様な生物が共に生きる自然を形成していると考えられるのではないかと思います。一つの種だけになってしまいますと、先の例のようにその種が一時的には増えますが、やがてストレスであったり食物連鎖が壊れて食料不足を招いたりして、増やそうと思った種もまた減っていってしまうのです。

われわれの人間社会においては、ほかの多くの動物のような食物連鎖におびえて暮らすようなことはほとんどありませんが、多様な価値観が存在してせめぎ合っています。白か黒か、正しいのか間違っているのか、その答えに一〇〇パーセント正解というのは、本来ないように思えます。立ち位置を変えてみたら見え方が変わります。

例えば選挙において、いずれの候補者も大きな目的では、地域や街が、そして国がよくなるようにと原則的には共通しているはずですが、立ち位置が異なっていたり、見方が違っていたりすると、お互いに意見が割れてしまうものです。われわれの日常生活においても大なり小なり、そういったことはあろうかと思います。

正義は勝つのだと、よく言われます。確かに勝ったほうの意見が通るわけですから、当然正義は勝つという定義になってしまうわけです。しかし一つの価値観だけがまかり通るようなことになってしまったら、独裁的な社会になってしまいかねません。

つまり人間社会においても多様性がある一定程度存在することが、われわれが生きている社会のバランスを保つうえで、実は必要不可欠であると思うわけです。

先に申し上げました公園の例えのような自然的な観点、そして今、われわれが生きています社会的な観点、そのいずれにおいても多様であること、いろいろな種が混在するということが生きていくために不可欠という結論に至るとするならば、では食うものが加害者で、食われるものが被害者なのでしょうか。その一面は決して否定はできないようにも見えますが、食われるものは、食うものへの命の布施をしているのではないかと私は思うのです。

われわれは日頃からたくさんの命の布施を他の種からいただいています。一方で、人間が直接的に他の動物や人間に食われるということは、そうそうないでしょう。ただ天寿を全うして、未来のためにその場所を提供しなければ、地球に人間ばかりがあふれてしまって、やがて食料が不足して、人間という種そのものがなくなってしまうでしょう。そう考えると、やはり死とは命の布施ではないかと思うわけです。

ところで私は十年ほど前、アメリカに留学をしておりました。当時の仲間とは今でもご縁をいただいて親しくしています。その仲間が結婚して、奥さんと一緒に京都に遊びに来てくれました。大変好奇心旺盛《おうせい》な夫婦で一泊二日だったのですが、京都のいろいろな所に訪ねて行ったそうです。私はその夫婦と晩ご飯をご一緒して、昔話に花を咲かせました。

次の日、どこへ行きたいのかと聞きますと、ちょうど翌日が二十一日で、「弘法市をやっているから、東寺さんにお参りに行こうと思っている」という話です。地元の京都に住んでいますと、弘法市なんていつでも行けると思い、なかなか遠いものでして、「そういえば長い間行っていないな」とあらためて思い直しました。実は、清水寺は東寺とも大変法縁深くさせていただいております。前に壬生寺のところで述べました平成洛陽三十三所観音霊場の仲間でもあります。

同寺に森泰長先生という非常に特徴的で、大胆でありながら非常に繊細で、思いやりにあふれた和尚さんがおられました。私も昔からかわいがっていただきました。それで留学の仲間に、その和尚さんについて少し話をさせていただきました。

次の日の朝、「せっかくですから、私もちょっと訪ねたい」と言って、その二人を東寺まで送って行きました。私は東寺のご宝前にお参りをさせていただき、先に帰ったのですが、その日の夕方、ある方から森和尚が亡くなられたという訃報を受けたわけです。

これにはびっくりしました。あまりにもというタイミングです。毎日、和尚さんのお話を誰かれかまわずしているわけではありませんし、その和尚さんのことを四六時中思っているわけでもありませんでした。たまたま留学中の旧友が東京から訪ねてきて、東寺へ行くと言ったがゆえに思い返し、その和尚さんの話になったということです。

本当のところは、私にはわかりません。しかし私には、その和尚さんがちょっと立ち寄ってくださったのではないかと思うようにしているのです。二十一日は、ご承知のとおり、弘法大師が亡くなられた日です。葬儀にも当然参列させていただいたわけですが、いまだに実感が持てずに、時々思い返します。お叱りを受けたことのほうが多い気がしますが、それらも今はかけがえのない良い思い出です。

死は先ほど申し上げましたとおり、遺された人への命の布施であるとともに、同時に看取る、見送るわれわれが、死を迎えた人の旅立ちに向き合い、生きる力をいただいているのではないかと思うのです。そのような命の継承、つながりを自覚し、われわれは供養の誠を捧げるべきだと考えます。

毎年毎年、春と秋に彼岸を迎えて、各家庭でもいろいろな行事を行っていると思います。去年こうしたから、とりあえず今年もこうしておこうかなと、義務的に前例をなぞるのではなく、神仏からいただいた命を自覚し、誠の感謝と先立たれた方々より教えていただいた生きる力を大切にすることが、何よりも誠の供養に通じるのではないかと強く思う次第です。

そのようなことを東寺の森泰長和尚に、「英玄、こういうことやぞ」と教えていただいたような気がします。

□信仰の入り口を提供するお寺

先にも申し上げましたが、清水寺には僧籍を預かるものが八人おり、私と同じ世代の僧侶が四人おります。四人とも時期は違いますが、高野山で加行を受け、清水寺に帰山しました。私の場合は、それからおおよそ十年くらいたちます。少しずつですが、寺の内外で法話をする機会をいただいているのですが、法話をするにあたって最もやりにくい対象というのが二つあります。その一つは、私と同じ僧侶を相手とするときです。もう一つは、身内の家族や親類縁者です。いずれも大変やりにくいものです。しかしながらこのような機会は、かえって自分を見つめ直す場となって実は大変うれしく思います。

ここでは少し清水寺の起源について話すことから始めさせていただきます。清水寺は宝亀九年、西暦七七八年に創建された寺でして、京都市内では二番目か、もしくは三番目か四番目に古い寺です。では、いちばん古い寺はと言いますと、東映の映画村があります太秦に広隆寺という寺があります。本尊が弥勒菩薩でして、日本で最初に国宝になった仏さんです。それから東山の八坂の塔で親しまれています法観寺は飛鳥時代の創建と言われ、境内から古い瓦が出てきたそうです。牛若丸が修行した鞍馬寺も鑑真さんの弟子が建てたと言われます。また街の真ん中にある六角堂の頂法寺、華道の池坊で知られています。あのお花というのは、もともと仏さんにお供えする花から発祥したわけです。このような京都の古い寺と肩を並べているのが、清水寺であります。

京都の市内には今でも千五百ほど寺がありますが、全国では七万五千ほどあるそうです。一昔前は八万と言われていたようです。七万五千という数は、全国津々浦々のありとあらゆるコンビニエンスストアを足した数よりもまだ寺のほうが多いようです。ちなみに都道府県別ですと、全国でいちばん寺が多いのは、京都府でも奈良県でもなく、愛知県だそうです。だからどうやということではありませんが、もし何か人と話をする際に、知らない人がいたら、マメ知識として自慢してみてはいかがかと思います。

ところで、清水寺と書いて「きよみずでら」もしくは「せいすいじ」と読んだりするのですが、だいたい全国に九十か寺ほどあります。いずれも水に縁《えにし》のある寺であることには違いありません。

私どもの清水寺では、夢のお告げを受け、音羽の滝をみつけ、授かった霊木をもとに寺の建立を果たした延鎮《えんちん》上人のことを開山、その上人に霊木を授け、寺の基を開かれたということで行叡《ぎょうえい》居士のことを開基、そして今風な言い方で申しますと、財政的なスポンサーという意味で、坂上田村麻呂公のことを大本願とお呼びします。三人の尊像を境内の田村堂というお堂にお祀りして、日日《にちにち》手を合わせています。

清水寺は現在、北法相宗という単立の宗派です。しかしながら創建以来、何々宗というようなあまり一宗一派の色に偏ることなく、大衆庶民の心の拠り所であり続け、現代的に言えば観光的な要素を持ち合わせながら、皆さんにとって、どこか精神的な拠り所となる寺という位置づけでした。

室町時代の参拝の様子を描いた「清水寺参詣曼陀羅」という絵があり、そこに本堂の舞台上で楽しそうに弁当を食べていたりしています。もっとも現在はさすがに遠慮いただいております。江戸時代の境内は今でもあります茶店が、男性と女性の出会いの場であったりしました。また芸術や芸能、文化、流行などが発信される場でもありました。寺と言いますと、とかく古いイメージを持ちますが、最新の情報が創造され、発信されていたのが清水寺のありようでした。この特徴は現在でも継承しており、仏教、さらには広く宗教に対する信仰の入り口を多くの方に提供する寺です。先に申し上げましたとおり、全国には七万五千の寺がありますが、寺によってそれぞれ役目が違います。いずれにしましても最初は紅葉でも桜でもかまいません。境内に足を運んでいただき、清らかな空気とともに心を整えるひとときを過ごしていただければと願っています。

清水寺の起源となりました音羽の滝は現在、三筋の流れとなっています。もともとは一筋でした。「一つの滝水を飲んだら、賢くなる。一つ飲んだら、元気になる。一つ飲んだら、恋人ができる」と、よくガイドさんが説明しています。それで「この筋は何に効くのですか」「この筋は三つのうちのどれにあたりますか」と尋ねられることがあります。夢を壊すようでしたら、まことに申し訳ないのですが、本当のことを話したいと思います。この三筋の上に朱の社《やしろ》があり、その社の中に倶利伽羅龍王《くりからりゅうおう》が祀られています。一般に龍というのは、水の神様です。また清水寺の縁起では、音羽の滝はご本尊であります観音さんの化身、お恵みの水とも言われているのですが、京都は四つの天の神が応じる四神相応《しじんそうおう》の地であり、清水寺がある東の神の青龍も観音さんの化身と言われるのです。そのような龍が祀られている朱の社の中では、滝水の三つの筋が一つになっているのです。

ですからどれを口にしても、実は同じです。しかしながら、修学旅行生などが目をきらきら輝かせて、「この筋は何に効くのですか」などと言われますと、「どれを飲んでも実は一緒です」なんて、とても言えません。これが仏教の寛容なところであり、なおかつ多少優柔不断なところです。とはいえ、あまりいい加減なことも言えませんので、「いずれの筋にしても、お心に添うようなことがあればよろしいですな」なんてことを申し上げている次第です。

ただ、あの音羽の霊水は創建以来、一度も枯れたことがありません。千二百年こんこんと湧き流れ続いていまして、水量の増減もあまりありません。命を延ばす延命水とも呼ばれ、先に申し上げました開基の行叡居士は、長年水垢離《みずごり》をする滝行をされていて、二百歳を超える長寿を全うしたと清水寺の縁起に書かれています。これはあまりにも現実離れしているような気もしますが、清水寺の先代中興開山と言われております大西良慶和上は、百九歳の長寿でした。

いずれにしましても、もし何かのタイミングで京都を訪れ、清水寺にお越しの際には、ぜひとも音羽の霊水を口にしていただき、皆さんそれぞれ健康長寿、よき人生を全うしていただきたいと願う次第です。

余談ですが、今申し上げました大西良慶和上とっておきの長生きの秘訣《ひけつ》を一つ、紹介させていただきたいと思います。

和上は明治八年の生まれで、二十五歳のときに奈良の興福寺の住職に就任され、三十一歳のときには法相宗の管長と言って、当時の興福寺、薬師寺、法隆寺を包括する宗派の代表役員という存在でした。大正三年に清水寺に晋山しまして、以来六十九年間清水寺の住職を務め、昭和五十八年お釈迦さんの涅槃の日と同じ二月十五日に遷化《せんげ》されるまで、今の清水寺の礎を築いて、復興を成し遂げられた方であります。

七十代、八十代の頃でも、下駄をはいて奈良と京都を歩いて往復されておられたそうです。そのような和上も晩年になりますと、さすがにちょっと耳も遠くなって、どこかへ行くにも誰かの自動車の運転が必要やということになってきたわけです。

その晩年のこと、アメリカのノーベル文学賞作家のパール・バックさんが清水寺にお越しになりました。和上とひととき面会の機会をもたれたのですが、良慶和上は日清、日露、第一次、第二次と、四回の戦争を経験するとともに、六十九年間、清水寺の復興に尽力された方ですので、パール・バックさんは作家ならではのノンフィクション的人生のエピソードの一端を率直に聞かせいただこうということで、「和上、一世紀近い人生でいつがいちばんよろしかったですか」と、お尋ねになられたわけです。

するど和上はちょっと考えられて、「そうですね、やはり今がいちばんよろしいですな」と、お答えになったそうです。なかなか言えないと思います。「あのときはよかったな」ということではなくて、「今がよろしいな」の連続が、健康長寿の一助になるのだと思います。

私ども清水寺の住職もよく話しているのですが、「今日が皆さん、人生でいちばん若い。明日は明日が、人生でいちばん若いのです」と言っています。そのような心構えが、元気で長生きする秘訣の一端であるという気がします。

□届かない声を届ける橋渡し役

話を戻します。清水寺と申しますと、やはり舞台を思い浮かべてイメージされると思うのです。現在、平成の大修理という大工事が進行しておりますが、先頃、修理工事が終わりました轟門という門が清水寺本堂の入り口です。その門から回廊という廊下があり、そこを抜けると、いよいよ本堂となります。本堂の南側の部分が清水の舞台であります。その両サイドに楽舎と申しまして、奉納舞台のための音楽を奏でる人のスペースがあります。この楽舎に挟まれ檜板の敷きつめられたところが、すなわち檜舞台というわけです。

本堂は全体で百六十八本の欅の柱で支えられていまして、ことわざで言われる清水の舞台から飛び降りるというのは、崖の上に柱を立てて載っている舞台から飛び降りることでして、舞台から崖まで高さが十三メートルあります。創建以来十度ほど火災に遭っていますす清水寺は、現在の建物が再建されたのが寛永十年、一六三三年です。それより前に清水の舞台から飛び降りたという記録は実は残っておりませんが、江戸時代に日記に書いてあるものを一つ二つと数えていきますと、なんと二百三十七件の飛び降りがありました。一人の人が二度飛んでおられますので、二百三十六人の方が、この十三メートルの舞台下に飛んだわけです。もっとも飛ぶ前に寺の人に止められた方も少しいたようですが、飛んで無事であれば、願いが聞き届けられてかなうというような信仰があったようで、生存率は八五パーセントだったと言われています。ですから、けっして自らの命を殺《あや》めるといった意味合いではなく、願いが成就するようにという信仰のゆえであったからか、幸い高いと言っていい生存率であったようです。

私たちはよく、人事を尽くして天命を待つと言います。困難に直面したとき、また何かに挑戦するとき、神頼み、仏さん頼みというような丸投げではなくて、まず自分でやりきるというのが、人事を尽くすです。やりきった後であれば、その結果が必ずしも自身の期待に添うものではないかもしれませんが、やがて受け入れることができたり、もしくはその結果を踏まえて、次にもう一遍頑張ろうかなと前向きな姿勢を覚えたりするものです。

ですから、私はなんの後悔も言い訳もしたくないほど、まず自分でやりきりました、そして、ある意味ですべてを受け入れる覚悟ができているほどの安定した心構えになっているというのを表現したのが、本来の清水寺の舞台から飛び降りるという意味であるわけです。

清水寺は歴史的文化遺産という一面があり、世界遺産にも登録されています。しかし、同時に現在進行形で活動している仏教寺院として、例えば舞台でさまざまな奉納が今でも執り行われます。歌舞伎や能、狂言、昨今ですと、相撲さんの土俵入りなどもありました。

国際色も次第に豊かになってきて、スペインからピアノであったり、イタリアからオペラであったり、数々の芸能が現在でもご宝前に奉納されます。

前述しましたように、エスティーローダーという化粧品の会社が二十年来、世界的に乳がんの啓発運動に取り組み、そしてその趣旨に賛同して清水寺も協力していることを紹介しました。乳がんという病気は、定期的に検診をしていれば、大事に至る場合が少ないそうですが、日本ではその検診率が、ほかの先進国に比べて非常に低いという現実があるようです。

もちろん乳がんに限らず、世の中にはたくさんの問題があります。地震などの災害でもそうですが、自分もしくは自分にとって大変親しい方が、その問題の当事者にならないと、なかなか我が事としてとらえられないわけです。

繰り返しになりますが、実はこのような問題は誰しも起こり得る問題なのです。大変重要な事柄です。ですから、みんなで考えなければいけないことなんですよと訴え続けている個人や団体や組織が、われわれが思っている以上に、実はずっとたくさんあります。にもかかわらず、その声がなかなかわれわれの耳に届きません。

そのような中で、寺院はどのような役割を果たすことができるのでしょうか。まだなじみのない方々と訴えたい方々との橋渡しの場として、耳に届くのに普通なら十年の時間がかかるところを、九年十一か月で済むのであれば、一人でも多くの方に伝わるのであるならば、清水寺が何かしらの役に立てるのではないかと思っている次第です。そのような声をわれわれを通して、社会に訴えていただく、社会への橋渡し的な役目を果たすことも、清水寺にとって重要であろうと思っているのです。

そもそも宗教者の定義とは、なんなのでしょうか。当然その定義は多岐にわたるでしょう。日本の仏教に限っただけでも、先ほど寺にもさまざまな役目があると言いましたように、例えば布教に専念される方、教義をより深く学ばれる方、学問として研究される方、教育や福祉、芸術等の社会貢献をされる方、人権や平和活動に尽力される方、律や戒の教えに生きる方、異業種や異文化との交流を図られる方と、僧侶にもさまざまな活動があります。また寺の中にあって組織や教団維持発展のため、経営的な要素を担う方、そういった人材も必要です。広報や事務的な役目を果たす裏方のような方も必要です。さらには、時代の流れに即して仏教自体の革新に努める方など、実はさまざまにいるわけです。みんながことをしていたら、今日の寺は護持できないわけです。

しかしながらそういった中で根本として大切なものとは、いただいた教えを少しでもいいので実生活に落とし込む、日日の暮らしに体現していくことが、おそらく宗教者の定義の最たるところではないかと思うわけです。たとえその教えについて雄弁に語ることができなかったとしても、喜びと感謝を持って、いただいた教えを実生活に落とし込んでいくことが宗教者の重要な要素だと思うわけです。

仏さんと向き合う、自分自身と向き合う

さらに加えて説明するならば、仏教の目的とはなんなのでしょうか。これもまた多岐にわたると思います。多少私見もありますが、私はこう考えています。皆さんが仏教徒になっていただくことが、仏教の目的では必ずしもないと思っています。仏教であれ、何宗であれ、心に特定の宗教があろうとなかろうと、皆さんがそれぞれ自身の人生に徹していただき、本当の喜びと感謝を持って、幸せに、できる限り安心して暮らすことができるよう導く、それが仏教の目的であろうかと思うのです。

われわれ清水寺において、誰かが誰かの幸せであったり、安心であったり、無事であったりを願うということ、あるいは社会や未来の平和を祈るということ、あるいはそれぞれ

自分の立ち位置や立場から貢献しようと尽力しようということ、あるいは忙しい中、参拝に訪れて、自身の本心にほんの三十秒でも一分でも、立ち帰っていただくということ、つまりは皆さんの誠の思いが集う、誠の思いに向き合う、そのような場であることが清水寺の今あろうとしている姿、未来のあるべき姿であろうと思っているのです。それが、やがては仏さんの心に通じるのではないかと思っているわけです。

これまで清水寺についていろいろ述べてきましたが、やはりご本尊の観音さんについてもう少し触れさせていただきたいと思います。

ご本尊は秘仏です。正確には十一面千手観音菩薩と申しますが、黒いお御輿《みこし》のような厨子《ずし》の中にお祀りしています。ですから通常、御前立仏が、その前に祀られています。秘仏の厨子の扉が開きますことを御開帳と言います。御開帳の帳とは、戸帳に由来するもので、別名御開扉とも言います。このように清水寺では通常、厨子の扉が閉まっていますから秘仏のご本尊を直接、目で見てお参りすることがかないませんので、御前立仏が文字通り前に立って、中のご本尊はこのようなお姿ですと示しているのです。

厨子の扉が開かれます御開帳は、清水寺では三十三年に一度というのが、通常習わしになっています。なぜかと申しますと、観音さんは三十三に姿を変えて、私たちの世の中に現れ、支え助けてくださるというようなことに由来するものです。清水寺の近くに三十三間堂という寺がありますが、あの三十三もそうですし、清水寺が十六番の札所となっていますす西国の三十三所観音霊場というのも、観音さんがその数だけお姿を変えるというようなことに由来しているのです。

前回の御開帳は平成十二年、西暦二〇〇〇年でしたので、このまま行きますと、次回は平成四十五年、西暦二〇三三年です。もちろん何か特別な慶事があるときには、この周期にかかわらず例外もあります。実際に歴史上そういうこともありましたが、そうそうあるものではありません。

いずれにしましても少なくとも平成四十五年には必ず御開帳がございます。たったの十六年後です。どうぞその際はお越しいただきたいと思います。

もちろん諸行無常ですが、先ほど清水寺の中興良慶和上直伝の健康長寿の秘訣の一端を紹介させていただきましたので、ぜひとも参考にしていただきたいと思います

□仏さんの種を宿す

いつものことですが、皆さんの前でお話をするご縁をいただきましたとき、皆さんと何を共有できるだろうかといろいろ考えます。これまで自分自身と向き合うことであったり、寺の役割であったり、さまざまに話してきましたが、ここからは仏さんの種、仏性といわれることについて触れることから、一つの話を始めてみたいと思います。

われわれには元来、仏さんの種、仏性が宿っているのでしょうか、どうなのでしょうか。今日の日本の仏教においては、天台宗がよく説いています本覚思想《ほんがくしそう》と言って、ありとあらゆるものに、もともとから仏さんの種が宿っていますというような考え方が一般的となっています。

もちろん宗派によって、その思想の呼び名は違ったりします。歴史的に見ますと、もともと皆さん、仏性をお持ちですというような立場に対して、周りの方の助けがあって初めて仏性を宿すのに至るのではないかというような考え方であったり、いやいやまだ仏性を宿すに至ってない対象も世の中にけっこうあったりしますよと主張したり、その仏性のありようを詳細に、段階的に説明する思想もあったりしました。実際に歴史上、そういった仏性をめぐる思想の違いから仏教論争に発展して、寺と寺が喧嘩《けんか》をしてしまうというようなこともありました。

いずれにしても仏性についていろいろな考え方がありますが、仏性というようなきちっと定義づけて呼ぶには及ばないにしても、われわれの日常の生活の中で、その種の、もしくはその原石に準ずるようなご縁にめぐり合うことは、皆さん、誰しもあるように思うわけです。

例えば東日本大震災や熊本の地震でもそうでしたが、多くの方々の善意があったことを目の当たりにしたと思います。もちろん震災復興はなおも現在進行形で、まだまだ道半ばです。われわれは誰かのために、例えば役に立ったなあと実感が持てると、大なり小なり、そこに喜びが生まれると思うわけです。美しいもの、素晴らしいものを見たとき感動します。また人の生死であったり、結婚でもいいと思いますが、人生の節目に立ち会いますと、つまり人生の誠の瞬間に立ち会えたとき、人はやはり感動すると思うのです。

仏さんと向き合う、自分自身と向き合う

良き人との出会いを通じて、縁のありがたさを語る方は、世の中に大勢おられます。た

またまこの間、お目にかかった方は「時間とは命でございます。皆様の命を今日、こうしていただいています」というような丁寧な挨拶をされていました。えらいかしこまった人やなと思いながらも、なるほどその通りだと共感させられたこともありました。

人生と誠実に、全力で向き合い、尽力している人ほど周りの支えの大きさを知り、感謝の念を表現される方が多いかと思います。そこには嘘偽《うそいつわ》りのない、人としての純なる心、仏性の種が少なくとも垣間見えているように思うわけです。しかしその種がたくさんの覆いによって、なかなか見えにくかったりするものです。覆いというのは、例えば煩悩《ぼんのう》とか欲とか自我とか我《が》とか、そういった類のものだったりするわけです。

例えば周囲から「あの人、謙虚で素晴らしい立派な人格者やな」という評判の方がいたとします。「あなたはやはり評判通りで素晴らしい人です。優秀ですね」と褒めると、この謙虚と言われる人格者の方は、おそらく、「いやいや、そのようなことございません。私はさせていただいただけです。自らの勤めを果たしただけです。実際、そのようなだいそれたことは何もございません」というような答えのしかたをされると思います。

それを聞いて、「確かに実際あなた、そんな大したことありませんな」と答えたとしますと、おそらく謙虚で人格者と言われた方も、ちょっとむっとしてしまうと思うわけです。周りから評価されたい、労に対して結果を求めたいというような気持ち、つまりは欲といわれるようなものが、どこか垣間見えるものです。誰しもある話です。

われわれ清水寺の住職に教えていただいた話ですが、音楽好きの両親がおりまして、子どもには何かしら音楽を、楽器が弾けるようにさせたいなということで、娘さんにバイオリンを習わせたそうです。

しかし娘さんは小さい子で反抗期ですので、なかなか親の思うとおりに音楽に打ち込んでくれないのです。最初の頃はちょこちょこっと練習しますが、すぐもうほかの楽しいこと、友達と遊んだりというようになってしまうわけです。親はなんとか毎日練習させる方法はないやろうかと考えたのです。そこで「一日練習したら百円お小遣いをあげる」と、こう言ったわけです。娘さんは喜んで、それからしばらくの間は毎日、一生懸命練習するようになりました。

練習するたびに「今日もお疲れさん」と言って、百円渡していたのですが、しばらくたちまして、あれだけ一生懸命練習していたのに、娘さんは練習をピタッとやめてしまったのです。心配になった両親が娘に尋ねたのです。「お前、どうして練習せえへんのや。一日したら百円あげると言うて、今までずーっとあげてたやないか。どうしたんや」と聞きますと、娘さんが「一日練習せえへんかったら、隣の家のおばちゃんが二百円くれると言わはった」と、こう答えたそうです。上手な人のバイオリンは聞いていて心地の良いものですが、やはり習いたてのバイオリンは、本人はよくても、周りにとっては多少雑音になるようです。

われわれの毎日は、大難小難の類が絶え間ないわけですが、用意周到に準備したときほど、結果はこうあってほしいと、心の中にできあがってしまいまして、思った道筋からそれてしまいますと、かえって、「しまったな、うまいこといかないな」と、後悔が大きくなったりします。要するに自身の欲に基づき、ちょっと過剰に、こうあってほしいなということを思いすぎているのかもしれないということです。

例えば平均年収、平均寿命、平均何何ということがよく言われます。われわれは潜在的に周りと比べて、「お隣さんと比べて、少なくとも自分は平均以上だな」ということを確認して、なんとなく安心したり、ちょっと得した気分になります。

逆に、「私は平均以下やないか」と思うと、途端に焦ってしまうものです。もしかしたら損をしているのではないかと気分が悪くなります。また仮に最初は平均以上だと思っていたとしても、何かのご縁で自分よりも高得点の方と、ぽんぽんと二、三回続けて出会いますと、先ほどまで喜んでいたのに、途端にいらいらしてしまうわけです。

もっとも誰かや何かと比べて、自身の安心材料としたい気持ちはわからないではありませんが、これもまたある意味で、欲に基づいた感情だったりするわけです。

しばらく前に、『世界がもし100人の村だったら』（マガジンハウス刊）という本が話題になりました。ご存じの方も多いと思います。少し紹介しますと、その世界では五十七人がアジア人、二十一人がヨーロッパ人、十四人が南北アメリカ人で八人がアフリカ人となり、以上の百人という統計をもって、いろいろ詳細に説明したのです。

もし今朝目が覚めて命を感じることができたら、今週生き残ることすら困難な世界百万人の人よりも恵まれているそうです。もし戦災や投獄される恐怖、孤独や飢えの悲痛さを一度も経験したことがないのであれば、世界の五億人の人よりも恵まれているそうです。もし苦しめられたり逮捕、拷問の恐怖を感じたりすることなく教会のミサに行くことができたら、世界三十億人の人よりも実は恵まれているそうです。もし冷蔵庫に食料、家に着る服が、頭の上に屋根が、そして寝る場所があるならば、世界の七五パーセントの人よりも裕福だそうです。さらに、皆さんの財布にもし現金がありましたら、銀行に預金があるのであれば、世界で裕福な人一〇パーセントに入るそうです。

もちろん、少し前の統計ですので、現状は多少数字に、ひょっとしたら良い方向に違いがあるかもしれませんが、世界的な大まかな統計で見るのですから、それほど大きな変化はないのではないかと思います。ですのでこうした比較の世界に、わが身を置くならば、少なくともわれわれはみんな無上の喜びを感じてもいいくらいのものです。しかし実際はなかなかそうはいきません。周りがどうしても気になってしまうものです。

だからこそ自身と向き合って、欲と折り合いをつけて、心をできる限り整えて、おそらく自分自身の中にあるであろう仏性の、少なくともその種を育んでいく必要があるのではないかと思うわけです。自分自身と誠実に向き合い、自身を整えるということを仏教では、ある意味方便として、仏さんと向き合うという表現をもって社会に伝えている次第です。

仏さんと向き合うとは、自身と向き合うこと、自身と向き合うということは、自身にとって大切な周りの方々と向き合うということにつながります。この道理、つながりを感じとっていただければ、自分と周りに対して、誠実にならないといけないということではなくて、自然とならざるを得なくなって、誠実かつ正直に、また真摯になっていくものだと信じているわけです。

そうしますと、これまで申し上げてきました欲や煩悩や自我といったもので、なかなか見えにくかったものが、ちょっと景色が変わって見通しがよくなって見えたり、なかなか難しいかもしれませんが、自分自身の中にある仏さんの種が垣間見えたりするのではないかと思うわけです。

時代劇で有名な江戸時代の大岡越前公の話を一つ、紹介させていただきます。

ある床屋さんが財産を遺して亡くなりました。この床屋さんには、息子が二人おりました。俗に言われるところの遺産相続争いが起きました。両方とも「わしの財産や」「わしのや」と言って一歩も引きません。それでは決着をつけようかということで、二人で越前公のところに行ったわけです。越前公は事のいきさつを聞いて、「よし、ちょっと考えるから、お前ら二人は別室でしばらく待っておれ」と命じました。案内された別室は大変広いところで、その部屋の真ん中に火鉢が一つ、その周りに座布団が二つ並んでありました。ただ兄弟は喧嘩しているわけで、それぞれ部屋の端と端に背中を向けて座っていました。待てど暮らせど越前公からお声がかかりません。寒いのでだんだん、どちらともなく火鉢のほうに寄って行き、いつの間にか二人で座布団の上に座り、火鉢で暖をとっていました。

しばらくすると弟が、火鉢にかざした兄の手に深い傷跡があるのをみつけたのです。その傷は何かと言いますと、二人が小さい頃に、弟が犬に襲われそうになったときに、兄が身を挺して必死で弟を守ったときについた傷だったわけです。そのことを思い出した弟が、初めて自身の心に素直になりまして、お兄さんに「申し訳なかった。自分のことばかり考えてお兄さんの気も知らんと」ということで、初めて兄の前で謝ったのでした。

すると兄も、「いやいや私も申し訳なかった。兄弟、本来なら力を合わせていかないといけないのに」というようなことになり、結局、二人はどうしたかと言いますと、遺された遺産を貧しい方々に寄付して、二人して力を合わせて遺された床屋さんを一生懸命お守りし、やがてこれまで以上の繁盛に導いたというような結果になったわけです。越前公はそのとき、「二人の心にひょっとしたら仏さんの種が宿ったのかもしれんな」と言って、たいそう喜ばれたそうです。

互いに喧嘩しているときは、相手を見ているようで見ていないのです。自分の都合のいいように相手を解釈しているだけです。正面から向き合って初めて、これまでとはちょっと違う視野が広がって、互いに仏さんの種といわれるようなものをひょっとしたら見いだしたのかもしれないというようなお話です。

仏の縁に触れて、その結果自分自身と、そして周りと誠実に真摯に向き合うことによって、心の視野が広がり、今ある自らがどれだけかけがえのないものであるか、どれだけ尊いものであるかということを全身をもって感じるということ、つまりは「この命、尊しなんやな」ということをしみじみ感じるわけです。われわれ清水寺の住職は、「仏教とは、命の思想である」とよく話すのですが、まさにそのとおりだなと思います。

□二つの命

ありきたりの表現ですが、「命を大切にする」とはどういうことかということを、先日、ある先生に教えていただきました。その話を通して、皆さんと命の大切さについて思いを共有させていただきたいと思います。

この先生は、ミャンマーやカンボジア、ラオスといった十分な医療環境が整っていない東南アジアの国々を中心に、お子さんのための外科医として活躍されている方です。皆さんが想像されている以上に、その環境は厳しく、日本では当然助かる可能性が高い病気が、向こうではまさしく生死をさまようようなことになったり、衛生環境が十分に整っていないがゆえに、日本ではこんな病気がまだあったのかいなというような病気を患っている方が大勢おりました。結果として、命を失われる方が大変多くいるわけです。

生まれてすぐ、病気のために口が塞がってしまい母乳やミルクを吸うことができない赤ちゃんがおりました。口を塞いでいるのは腫瘍ですが、たとえその腫瘍をできるだけ取りきったとしても、この赤ちゃんの命がもう助からないということは医学的には残念ながらわかっておりました。

そこで先生はどうされたかといいますと､腫瘍は取りきれない､命は助からないとわかっていても、できるだけ口の中にある腫瘍を取り除く手術をされました。薬や医療用品、そして人手も十分にあるわけではなく、手術を待っている患者もたくさんいます。助からない命に向き合う暇があるのなら、助かるかもしれない命に向き合ったほうがいいやないかという声がたくさんありましたが、先生は手術の決断を下されたのです。その背景にはたとえもう一度でも二度でも、この子のお母さんにわが子に母乳を与える機会をもってもらい、わが子を抱く、その喜びを感じとっていただきたかったという先生の心からの思いがあったからでした。

先生によりますと、人間は二つの命があると言われました。一つ目は当然自身の肉体に宿る命です。われわれが「亡くなる」と通常認知するのはこの一つ目の命です。それでは、もう一つの命はなんなのでしょうか。それは人の記憶に宿る命です。だからこそたとえたったもう一度であっても授乳する結びつきを通して、一度目の命はしかたがないにしても、このお子さんの二つ目の命をお母さんの記憶の中に、愛情の中に、なんとか元気に生き続けてほしいということが、先生の願いでありました。

仏さんと向き合う、自分自身と向き合う

余談ですが、医者として必要なことはなんなのかという質問をされた際、先生は「常識」と即答されました。人として相手を思いやる、そのような人間としての常識が前提にないのであれば、もう医療も何も話にならない、医者である前に一人の人間であるというのが、

先生の持論でした。

話を戻しますと、先生から教えていただいた命を大切にするとはどういうことなのかということですが、それは生まれてきてよかった、生きてよかったと心から思えることが、命を大事にするということではないかと力強く伝えていただきました。

私はこの話の意味に、さらに続きがあるというふうに理解しています。

一つ目の命、つまり自分自身の中にあるその命を大切にするとは、生まれてきてよかったな、生きてよかったなと、自分が自分自身に対して心から思うことです。では二つ目の命、人の記憶の中に存在する命を大切にするとは、生まれてきてくれてよかったな、生きてくれてよかったなと周りの方たちが思うことです。その方がすでに亡くなられたかどうか、元気かどうかにかかわらず、あの人が私の人生に生きてくれてよかったな、いてくれてよかったな、あの人と出会えてよかったなと思えることが、二つ目の命を大事にするというようなことだと思うわけです。

特に二つ目の命に関して、それこそが仏教的な表現で申しますと、本当の供養ではないかと思うのです。先生の話を通して、私はその意味を再確認させていただいた次第です。

また理から考えますと、たとえ人が亡くなった、つまり一つ目の命が亡くなったとしても、その方を心から偲んだり、慕う方がおられる以上、その心の中で二つ目の命は生き続けます。つまり人が亡くなったらどこへ行くか、答えはどこにも行かないという一つの智慧が生まれると思います。

□大槌町での話

平成二十七年末、岩手県の大槌町という釜石よりももう少し奥へ行ったところに震災の義援金を届けに行ってまいりました。震災から六年たちますが、まだまだ復興道半ばです。国内外たくさんの諸団体が復興支援を続けてまいりましたが、例えば五年たち、当初の目標やある程度の役目は果たし終えたという認識のもと多くの団体が直接的な支援活動に目途をつけました。

これはある程度しかたのない一面もあるかと思います。なぜなら多くの団体がそれぞれ主たる活動があり、東北支援と同時進行体制を同じレベルで継続していくのは困難であるからです。

清水寺では大教団のような大きなことはとてもできませんが、行政や大きな組織ではなく、小さな地域で、その地で暮らす方々が主体となって活動を続けておられることへの支援を旨《むね》として実施しており、今回訪れた大槌町では刺し子という、手縫いで洋服やカバン等を製作販売し、経済的自立だけではなく、過疎地でのコミュニティの構築、互いを支え合うことを目的とした、ご年配の女性の方が中心となった小さな団体へ義援金を届けてまいりました。

釜石の奥の大槌と聞かれたら、随分遠いイメージを持たれると思います。しかし、伊丹空港と花巻空港は時間にもよるかとは思いますが、一日数本の便があり、私の場合、朝一番の飛行機で伊丹を出発し、午前中のうちに花巻空港へ到着、そこからレンタカーで片道二時間、午後一番には現地に着きました。皆様と一時間ほどお話をさせていただき、そこからまた二時間かけて空港へ戻り、その日のうちに花巻から伊丹へ、そして伊丹から京都へ帰ることができました。たしかに疲労感はあったものの、たった一日でも何百キロ離れた人の、わずかかもしれないけれども心に寄り添うことができるんだと思うと、何か勇気が湧いた気がしました。

その団体でいちばん先輩の女性からこんな話を頂戴しました。比較的都市部の裕福な家庭で育った彼女ですが、ご縁で田舎の大槌町の、しかも農家の家庭に嫁ぐことになりました。当時のこととはいえ、ただでさえ右も左もわからない中、土にまみれ、勝手のわからない畑仕事に嫌気がさしていましたが、旦那さんが「いつかきっと役に立つときが来るから」と励まし続けたそうです。やがて旦那さんが亡くなり、そして震災が起こり、本人も大変な被害を受けました。震災後、若い頃に嫌々勤めていた畑仕事の経験が随分と活かされ、旦那さんの言葉が本当であったという実感とともに、まるで再会し、再び共に畑仕事をしているような感覚を味わったと話していました。この女性の記憶の中で、旦那さんの二つ目の命はずっと生き続けていたのだと思います。

皆さんにおかれましても、それぞれの立場でご精進なされていることと思います。それぞれが自分自身に誠の喜びを持って、そしてお互いに生まれてきてよかったな、あなたがいてくれてよかったなということを交換し合い、支え合ってまいりたいものです。互いに励まし助け合い、心からの実感を持って、日々楽しく元気に皆さんが過ごされることを切に念ずる次第です。

◇大西晶允法話◇

生かされて生きている

□お釈迦さんの手のひら

四月八日は、花まつり。お釈迦さんの誕生日です。清水寺では、誕生仏を本堂の西の車寄にお祀りして、朝、一山の僧侶が出仕して法要を営み、その後、誕生仏に甘茶をかけます。そして、お参りいただいた方に用意した甘茶が昼頃になくなるまで接待をいたします。

花まつりと一般的に呼んでおりますが、難しい言葉で言うと灌仏会《かんぶつえ》と言います。灌というのは注ぐという言葉です。仏さんに注ぐ仏教の行事です。仏さんに甘茶、つまりは香水《こうずい》を注ぐのです。なぜ甘茶なのでしょうか。伝承によりますと、お釈迦さんが生まれてこられたときに九つの龍が天から下りてきて、産湯となる香湯《こうとう》を注ぎました。香りがする湯、要は清浄なる水、香湯を降り注いだのです。それが甘露の雨と言われているものです。

その降り注がれた香湯、甘露の雨で清められたお釈迦さんは、すっと立ち上がって、七歩歩かれて、天上天下唯我独尊《てんじょうてんげゆいがどくそん》とおっしゃいました。どういうことかと言いますと、この世に生を受けた我という存在は、この上なく尊いと言っているのです。この我というのは、何もお釈迦さんに限ったことではなくて、われわれ人間すべて、もっと広く命をいただいているものすべてを指して、お釈迦さんはそのようにおっしゃられました。だから、私自身だけではなくて、この命をいただいているものは皆、尊いということをお釈迦さんはおっしゃられたわけです。

法句経や華厳経などの言葉を組み立てつくられた三帰依文《さんきえもん》というよく知られた文句があります。

人身受け難し、今、すでに受く。仏法聞き難し。今、すでに聞く。
この身、今生に向かって度せずんば、さらにいずれの生に向かってか、この身を度せん。
大衆もろともに、至心に三宝に帰依し、奉るべし。

人間として生まれてくるということは難しい。しかし、私たちはこの人間の身体を今、いただいているのです。さらに仏法に出会えることは稀有であるけれども、われわれはこうして今、仏法に出会っているのです。こうして今生で、仏法も受けて、この人間の身体もいただいて、この世でわれわれは、悟りをひらけなかったら、いつ、悟るのでしょうか。この世で、しっかり今、頑張らなければいけないのと違いますかということを、この三帰依文は言っているのです。

われわれ人間が、このありがたい命をこうしていただいているわけですが、お釈迦さんは、ある日、弟子たちとともにガンジス川のほとりにおられたときにおっしゃいました。「見てみなさい。このガンジス川の川岸には無数の砂がある。この無数にある砂のごとく、命というのは無数にある」。そこで、すーっと手のひらに砂をすくいました。「いろいろな命があるけれども、人間に生まれてこられるのは、この一握りだ」。そして、その握った一握りの砂を反対側の手の爪のあたりに、さーっと流していきました。「仏法に出会えるのは、この一握りの砂の中、つまり人間の中でも、この爪の間に残った人間くらいしか、仏法に出会えない」と言っています。

皆さんは、その爪の間の砂なのであります。人間に生まれても仏法の縁に触れることは、なかなか難しいのです。

それでは言いますが、人間に生まれるのは、そんなに有難いのでしょうか。「仏さん、仏さん」と言いますが、仏法に出会えるというのは、そんなに有難いのでしょうか。このように斜めから見る方がいらっしゃるかもしれません。

あるいは、鳥のように翼があれば何も考えず、自由に大空を舞ってとか、野生動物のように自由に野原を駆け回って、何も考えず自由に生きていられるのに、悩まず気ままに一生過ごせるのにと思う方がいらっしゃるかもしれません。

□仏法とは幸せのレシピ

しかし、われわれは人間に生まれたおかげで、仏さんの説く教えが理解できます。理解できる要素をいただいています。教えが理解できれば、うれしいこと、楽しいことがたくさん出てきます。その反対の悲しいこと、つらいこと、腹立つこと、いろいろなことも克服することができるわけです。

そうおっしゃいますが、お釈迦さんが教えを説かれて二千五百年になりますが、今でも争いがなくなりませんよ。戦争はなくなりませんよ。それでもそう言えますかという方もいらっしゃいます。

実は、仏法とは「幸せのレシピ」であると思うのです。どういうことかと言いますと、料理教室に行ったら料理の作り方を習います。「なるほど、これはおいしそうだな」とよだれを流します。おいしそうだなと言って、作り方の話を聞いていても作らなければ、そのおいしい料理を味わうことはできません。

そこで、われわれは作り方の教えを聞きながら、手取り足取りしてもらい作ってみます。「では、やってみようか」と実践してみます。同様に仏法の教えを実践してみます。実践しながらも、「ああ、これでええのかな。ほんまかな、どうかな」などと言いながらやっています。それはあたかも、料理を作ってみて、口に入れてむしゃむしゃして食べているけれども、まだ、お腹に落ちていない状態です。お腹に落ちていないというのはどういうことかというと、それは栄養になっていない。すっと得心しきれていない状態ということになります。

ですので、まだいろいろなことが起きます。だから、まずは聞いてみる。そして実践してみる。それを疑いなく実践して、それを真に心の底から信じて、心の糧として、心の根幹として、やっていくことによって、はじめて腹に落ちていくわけです。

お坊さんの話を寺へ行って何遍も聞きなさいと勧められます。「同じ話を何遍も聞いたらええよ」と言いますが、仏さんからすると、われわれ赤ちゃんは、どれだけ小さく食べやすくしても、のどに詰まらせます。仏さんは「気をつけて、大丈夫か。これだけ小さくしたら大丈夫か、よく噛《か》めよ」と言い、それを聞きながら、われわれはむしゃむしゃ食べる練習をして、だんだん食べるのが上手になってくるのです。いろいろなお話を何遍も何遍も聞いていくうちに、だんだん腹に落ちてきます。そこで実践できるようになってくるわけです。

落語も一緒です。同じ話を何遍も聞きます。落語家は同じ話を何遍もします。落語を聞きに行くと、「あ、今日は、あの話だ」ということがあります。何遍も話を聞きに行っていたら、落ちがわかります。落ちを知っていて、「落ちるぞ落ちるぞ、ここであれ言いよるぞ」とわかっています。それでも面白いですし、聞けば聞くほど、その落語の内容も深くなってくるのと同じなのです。

落語の祖は、浄土宗西山深草派の安楽庵策伝《あんらくあんさくでん》という方だと言われております。この方は、西山深草派総本山の誓願寺の第五十五世にもなられている人です。浄土宗の開祖である法然上人がおられた頃は限られた人しか仏法の教えを享受できなかったのです。教えを聞く機会が大衆の間には限られていたわけです。法然上人はその教えを広く大衆にも、難しくわかりにくい教えをわかりやすく説いておられた方です。その流れをくむ策伝が面白おかしく仏法を説き始められたのが、落語といわれるものの始まりです。

難しい話を難しいまま説くのは、それほど難しいことではありません。難しい話をわかりやすく噛み砕いて説くのが、実はその人が先ほどの話のように、どれだけ本当に腹に落ちているか、しっかり理解して自分の言葉で伝えられるか、そこにわかりやすさが出てくるのかもしれません。

□我愛から離れることの難しさ

われわれは、どうしても我愛というものから離れるのが難しい。自分がかわいいのです。この我愛があるからものごとが思いどおりにならずに苦しむわけです。もっと言いますと、「苦しい」と感じる、「歯がゆい」と感じる、「なんでやねん」と感じるわけです。

苦しいことがあるわけではない。悲しいことがあるわけではないのです。自分自身がそれを「苦しがっている」「悲しがっている」わけです。しかし、たとえそう思ったとしても、決して悲観すべきことばかりではありません。それは仏さんが、われわれに仏さんに近づくための階段を上るチャンスを与えてくださっているのだと考えることができます。

どういうことかと言うと、「腹が立った。どうして、あの人は、あんなことをするの」と思ったときに、それは自分を省みるチャンスをいただいたのです。「私がこう言ったら、あの人は、あのようなこと言わないですんだな」と気がつきます。「こうしてあげたら、あの人は、あのようなことをしないですんだな」と自分が見えてきます。嫌な感情が自分に芽生えたときには、相手を責める機会をもらっているのではなくて、自分自身を反省する機会をいただいているのです。

われわれは有難いこの命をいただいています。お釈迦さんは天上天下唯我独尊と言いましたが、自分が有難い命をいただいているのと同じように、周りも、相手も有難い命をいただいている尊い存在、自分と同じように尊い存在なのです。

だから自分のことが大切なように、相手のことも大切にしなければいけないわけです。

なんといっても、同じ船に乗っている、同じお釈迦さんの手のひらに乗った砂です。もっと言いますと、川岸にある砂、この無数の砂の命をいただきながら、われわれは、この命をつないでいるわけです。

大乗仏教の中に、草木国土悉皆成仏《そうもくこくどしっかいじょうぶつ》という言葉があります。どのようなものにも仏さんが宿りますよということを言っているのです。われわれ人間だけではない、動物だけではない、山の草木にも、川に流れる水の中にも、あらゆるものに仏さんが宿っているのです。命があるということを言っているわけです。この無数の命をいただいているとは、どういうことかと言いますと、無数の仏さん、無数の仏性をいただいているということです。

無数の仏さんをいただいて、生かしてもらっているもの同士が、なぜいがみ合わなければいけいないのか、なぜ文句を言い合わなければいけないのでしょうか。「あの人のあれが気に入らない、これが気に入らない」。偉そうなことを申していますが、私も多々そのような感情にとらわれます。でも、相手も、仏さんをいただいている尊い存在なのです。

□お預かりしている命

これまた浄土宗の話になりますが、東近江に宝泉寺というお寺があります。そこに増田秀明上人という方がいらっしゃいます。その方は字などを書いて、反故《ほご》になった紙が出ますと、紙をもう一度手漉きし直します。そして、そこに仏さんの教えを伝える板書を書き留めておられるのです。その中の言葉をいくつか紹介させていただきます。

一粒の米の命　ちりめんじゃこ一匹の命
なんぼ空気を吸うたかな　なんぼ水を飲んだかな
なんぼ魚、肉を食うたかな　なんぼ米粒食べたかな
なんぼ人のお世話になったやろうか

＊

牛にも豚にも鳥にも　お父さんお母さんがいるのです
お父さん助けて　お母さん助けて　と泣き叫びながら
彼らは　この命を終えてゆくのです　こんな愚かな私のために

＊

私の中にもあなたの中にも　仏さんがいます

われわれは皆、一人残らず大切な命をいただいて、預かって、生かされている存在ですが、だからこそ自分自身を大切にしなければなりませんし、相手を大切にしなければいけませんし、ものも大切にしなければいけないわけです。それが人間として、この世に生を受けたわれわれが守らなければいけない、こうしてお釈迦さんの手のひらの上に乗せても

らったわれわれが守らなければいけない、仏さんとのお約束ではないかと思うわけです。

それをお釈迦さんは、天上天下唯我独尊という言葉で表されているような気がします。ですので、自分自身の命、自分自身のことも決して粗末にしてはいけない。自分の命だから、別に自分で終えてもええやないか、自殺して何が悪いとおっしゃる方もいらっしゃるけれども、それは自分が、自分の意思で、自分がつくりだした命で、自分一人だけですべて終始完結しているならば、それも一つの考え方かもしれません。

ですけれども、われわれは、勝手に生まれてきているわけではありません。ずーっと血のつながりを代々いただきながら、命のバトンをつないでいただきながら、この世に生を受けて、そしてたくさんの命をいただきながら生かされているのです。われわれの命、私の命ではなくて、私がお預かりしている命であり、身体なのです。ですから、自分自身のこともしっかり大切にしてあげなければいけません。それとともに仏さんの命をいただいている周りも大切にしなければいけないわけです。

インドでナマステと言って、挨拶するときに手を合わせます。私も最近真似して、人に会うと、なるべく手を合わせて挨拶するようにしているのですが、どうして手を合わせるかと言いますと、それは相手の中にも仏さんがいる、仏性があるからです。相手が自分にとってどんなに嫌な人かもしれない、悪い人かもしれない。それでも、必ずその人の心の中には仏性、仏さんの種がちゃんと宿っています。その仏さんに対して自分自身が敬意を表して手を合わせるのです。このように相手に対して手を合わせることから始めてみようかなと思っているわけです。

皆さんは目が覚めたときに「あ、今日もこうして私、生きているわ。生かされているわ」と感じたことありませんか。「今日もこうして命をいただいた、ありがたいなあ」という意味で、ベッドの中でも結構ですから、手を合わせていただいて、「今日も命、いただきました」という思いで、「ありがとうございます」と言ってほしいのです。

それから、食事をするとき、お茶一杯飲むときでも、そうです。その中には数えきれない命をいただきながら、われわれはこの命を預かっているのです。食事をさせていただき、お茶を飲ませていただき、こうして着るものがあり、住むところがあり、という生活をさせていただいて、今日もこうして命をいただいているんだなあと、有難いことなんだなあという感謝の思いを持ってお過ごしいただきたいと思います。

そのようになりますと皆さん、おそらくは「仏さんとちゃうか、あの人。菩薩のような人やなあ」と周りの人から思われるようになります。皆様が周りの人にとっての先達になっていただきたいなと、そのようなことを願う次第です。

□見えない仏さんの不思議な力

ゴールデンウィークが終わりますと、暦の上ではもう立夏が過ぎることになります。夏へと向かいます。清水寺の境内は、修学旅行生が増えてまいります。朝、早いときはそれこそ七時過ぎくらいからやって来て、眠そうな顔をしています。最近は、グループ行動が増えてきております。そうしますと、こちらも声をかけやすく、「おはよう」と声をかけるのですが、だいたい無視されます。たぶん、「おはようございます」と言っているのだと思います。ただ私は、耳が少し悪いものですから聞こえないだけです。

「最近の若いもんは挨拶もせんで、どないなってんのや」と言われる方はたくさんいらっしゃいますが、だいたいそう言っている方も若い頃は、「最近の若いもんは」と言われたと思います。ものの道理とは、あるいは人の世とは、こういうものやとか、人としてこうなんやというおれそれは、少しずつ順番にわかっていって理解していくものであって、大人になるには時間がかかるものです。道理をわかろうとする努力も必要ですし、周りはそれを見守る忍耐力も必要なのかなと思います。

東日本大震災、熊本地震、そして昨今も何かと地震の話題でもちきりですが、やはりなくならないのが子どもが親を殺したとか、孫がおじいちゃんおばあちゃんを手にかけたとかというような話です。行儀が悪いくらいは、躾《しつけ》でなんとかなるのでしょうが、親殺し、祖父母殺しまでできますと困ったものです。

小さい頃から命は大切にしなあかん、大事にしなあかんということは、当たり前のように耳にしてきましたし、それが当たり前やというふうに、われわれは思っております。それでは、なぜ命は大切なのか、なぜ大事にしなければいけないのかということを少し考えてみたいと思います。

そのためには、まず人は亡くなったら、どうなるのでしょうか。素朴な疑問です。なぜ葬式をするのでしょうか。目的は、われわれ遺されたものが、亡くなった方をあちらの世、彼岸のほうへお送りして、仏さんになっていただく、成仏していただくための、いわゆる儀式、法事と考えていいと思うのです。

葬式には、いろいろなやり方がありますが、日本では一般的にはお坊さんが来て、枕経をあげて、通夜をして、葬式をして、初七日をして、という段取りになります。読経して、いわゆる引導を渡すわけです。

ここで、鍵となるのが、法身仏《ほっしんぶつ》です。法身、報身《ほうしん》、応身《おうしん》と似た言葉があるのですが、法身仏とはなんぞやと言いますと、目に見えない仏さんというふうに考えています。というのは、宇宙全体とか、自然界全体とかが仏さんであり、その教え、その真理そのものが仏さんであり、法身仏であるというような考えです。われわれは、目に見えない仏さんの不思議な力に生かされているというふうに考えます。

それは家にいても、寺に来ていただいていても、また旅行に行っていても、どこにいても同じなのです。どこに行ってもその力は働いています。それが、すなわち法身仏です。では、亡くなった人は、葬式をして、仏さんになったと言うけれども、どうなったのかと言いますと、法身仏になったというふうに考えられます。

この亡くなった人は、物理的に言いますと、人間の亡骸《なきがら》を荼毘《だび》にふすことによって七〇パーセントが水分ですから、そのまま水蒸気となって、自然界に還って行きます。一〇パーセントは無機質の骨などとして残ります。残りの二〇パーセントというのは何かと言いますと、タンパク質だとか脂質だとかであり、燃えて分解して、いわゆる原子記号とかで表されるようなものとなって、また自然界の中に戻って行くわけです。

そう考えると、亡くなった身体というのは、見えない姿になって自然界に戻っているだけで、見えないからないわけではない。法身仏、仏さんというのは、見えないからいないのではありません。われわれの肉眼で見えないというだけで、亡骸も、亡くなった方も同じことなのです。それを仏教では、あるいは古代インドでは、原子とか分子とかいう考えがなかった時代は、それを五輪とか五大とかいうような形で表したわけです。

墓に立てる塔婆もこの形になっています。細長い形をしていますが、そこに戒名やら施主の名やらが書いてあります。その上のほうが五輪になっています。五輪、五大とは地、水、火、風、空の五つの要素です。この世の中のあらゆるものは、この五つの要素がまとまることによって存在し、そのバランスがくずれることによってまた自然界に還って行きます。インドではこのように考えたのです。二千年以上前のもののあり方の考えです。

人間の構成要素においても同じであると考えたのです。軽いものは風となって空に還って行く。あるいは火となりエネルギーとなる。あるいは小さなものは水の中、川の中、海の中に還って行く。ほかのものは、地面に、地中に戻って行くというふうに、五つの要素で考えたのです。

お母さんのお腹の中に赤ちゃんが宿るというのは、つまりはこの五つがまとまって一つの人間という形になったというふうに考えたのです。ですので、赤ちゃんは五大から生まれ、それが成人となって歳をとって、老いて、また亡くなります。亡くなったらまた、自然界に戻る。それでまた、これがまとまったら、また赤ちゃんとなって戻ってくる。ですから、輪廻転生という発想が生まれてくるわけです。

見えない仏さんの不思議な力がどこにでも宿っていると先ほど申し上げましたが、金子みすゞさんの詩の中に、「星とたんぽぽ」という詩があります。

青いお空のそこふかく　海の小石のそのように　夜がくるまでしずんでる
昼のお星はめにみえぬ　見えぬけれどもあるんだよ　見えぬものでもあるんだよ
ちってすがれたたんぽぽの　かわらのすきにだァまって　春のくるまでかくれてる

つよいその根はめにみえぬ　見えぬけれどもあるんだよ　見えぬものでもあるんだよ
という詩です。
見えない力が土の中にあるわけです。それが春になると芽吹いて、躍動するエネルギーがあるということです。それを信じましょうということを金子さんは言っているわけです。
この五大がうごめいて、たんぽぽの花を咲かせるエネルギーになってくるのです。仏さまの力が花を咲かせているわけです。それは何も、たんぽぽやすみれの花に限らず、生えている木もそうですし、鳥もそうですし、虫もそうです。われわれ人間も同じです。

□鑑真和上

平成二十八年、私はたくさんの人と中国へ行って来ました。その名も「鑑真和上像唐渡記念行事参加訪中団」と言って、新聞とかテレビのニュースでもとり上げられていましたが、二尊の鑑真和上像を、京都の壬生寺と中国の文峰寺が共同で造りました。一尊は文峰寺に安置され、もう一尊を船で持って帰ってくるという一大記念行事の団員に加えていただいたのです。訪問先は、上海から少し内陸に入った揚州というところです。

鑑真和上は、もともと揚州の大明寺という寺にいらっしゃったのですが、日本への渡航に五度失敗しました。ばれたら捕まりますから内緒で日本へ渡ろうとしたのです。そこで、川岸から隠れて船に乗ったと言います。最終的には遣唐使船に乗るのですが、それだけの苦難をされて渡って来られた鑑真和上のことを思うと、並々ならぬ思いを感じずにはいられません。

どうしてこうまでして、鑑真和上は日本へお越しになることになったのでしょうか。

その頃、日本は仏教が伝わってから二百年くらい過ぎておりました。大変、坊さんの規律が乱れていたのです。ですので、舎人親王が、正しい戒律を授ける戒師を中国から来てもらわなければならないということで、日本から僧侶を派遣して鑑真和上に「どうぞ来てください」とお願いするのです。そのとき鑑真和上は弟子たちに「よっしゃ、誰か日本に行ってくれへんか」と言うのですが、誰も返事しませんでした。「それなら私が行く」と決心するのです。どうしてそう言ったかといいますと、昔、日本の長屋王から中国へたくさんの袈裟が贈られて、それに刺繍で詩が書いてありました。

山川異域《さんせんいいき》　風月同天《ふうげつどうてん》　寄諸仏子《きしょぶっし》　共結来縁《きょうけつらいえん》

地域、国は違うけれども、いただいている月や風は同じではないですか。われわれ同じ仏弟子、仏さんのお弟子さんです。共にご縁を結ばせてもらえませんかとあったのです。この詩を鑑真和上は思い出して「日本とはこれだけご縁があるんや」と自ら渡って来られたのです。

鑑真和上は皆さんもよくご承知の方と思います。江准《こうわい》の化主《けしゅ》とも呼ばれます。江准は地名、地域です。当時、中国は唐の時代、日本は奈良時代、鑑真和上が日本に伝えたものは南山律法と言われます律宗、つまり戒律と、あまり知られていないのですが、もう一つ大きなものに天台教学があります。天台というと比叡山延暦寺、天台宗の最澄さんが持ってきたように思っておられる方が多いのですが、もっと前の奈良時代に鑑真和上が、天台の教えを持ってきているのです。それを体系だて日本の天台宗を始めたのが、最澄さんですが、中国ではもっと古い時代から天台の教えが広まっていました。

そうして、仏教的な教えだけではなく薬学であったり医学であったり、また建築学や美術、いろいろな方面の学問をもたらしてくださいました。われわれが今、享受している日本の文化の礎とも言える天平文化の基礎は、鑑真和上の頃に持ってきていただいたものが、ものすごく大きな影響を与えているわけです。

鑑真和上は、奈良の都に着いて、まず何をしたかというと、聖武上皇、光明皇太后、孝謙天皇に東大寺で菩薩戒という戒律を授けるのです。さらに、授戒を受けてない私度僧に三師七証《さんししちしょう》の具足戒《ぐそくかい》、つまり僧侶として守るべき戒律を授けるのです。

その後も東大寺を間借りされてたくさんの教えを説いていかれるのですが、やがて天武天皇の第七皇子にあたります新田部親王の宅地跡をいただいて、そこに寺を建てられます。それが唐招提寺と呼ばれるようになるのですが、鑑真和上は日本へお越しになられたときが六十六歳、そして七六三年、七十六歳でお亡くなりになられます。この十年間、日本で過ごされて、いろいろなことを教えてくださいました。

忍基《にんき》という弟子が中心となって、脱活乾漆《だっかつかんしつ》の技法で造られた和上像は、日本で最初の本格的な肖像であると言われています。今から千三百年近い前のお像が、今も唐招提寺さんにございます。国宝に指定されております。

ちなみに、脱活乾漆でいちばん古いのは、当麻寺《たいまでら》にある四天王像ですが、それは白鳳時代といって、奈良時代以前のものが残っております。

話を戻します。京都にはご承知の通り新撰組や壬生狂言で有名な壬生寺さんがあります。唐招提寺末の律宗のお寺で、そちらのご住職が松浦俊海貫主猊下《げいか》であります。その松浦貫主は、かねてより壬生寺に祖師像がないことを懸念されていたわけです。

というのは、例えば真言宗のお寺に行きますと、たいがい弘法大師空海のお像がありま す。浄土宗の寺に行きますと法然上人、浄土真宗へ行きますと親鸞聖人とか蓮如上人とか、それぞれにお像が祀ってあります。「うちには、それがない。ぜひとも鑑真さんをお祀りしなければならない」ということで、鑑真和上の故郷である中国に行かれまして、文峰寺の和尚さんと話し合われて、「それはそうだ。それでは、うちにもお祀りしよう」ということで、古来の技法である脱活乾漆の技法で二尊を造られたのです。一尊は文峰寺へ、もう一尊は壬生寺に置くという話になったわけです。

この脱活乾漆とは、どのような技法かと言いますと、張り子の虎のようになっていて、中が空洞なのです。粗い塑像を造って、その上に漆をしみこませた麻布を何枚も張り合わせていき、固まってきたら中の塑像を削り出して、外側だけが残るというような像です。脱活というのは、いわゆるその空洞、張り子の虎のように内部が空洞のものを言います。

乾漆というのは、あとからの言葉ですが、昔は即という言葉でも言っていました。漆が乾くと書きますが、これは乾くという意味ではなくて固まるという意味です。漆というのは面白いもので、湿気を吸って固くなっていくので、乾くという表現が正しいかというとちょっと違うと思うのです。漆がそうやって固まっていくという技法です。

その文峰寺はどういうお寺かと言いますと、鑑真和上が日本に海を渡ってこられる際に、大明寺があるのが内陸地ですから、まず海へ出る前に川から船に乗って海のほうへ行くのです。その船が出せる、鑑真和上が乗ったであろうと言われている場所に建っているお寺です。文峰寺にも鑑真和上のお像がない。もちろん中国でも鑑真和上は英雄ですので、そのお像をぜひ欲しいということで、文峰寺と一緒に造ることになったのです。今般、それができあがり、それでは、お迎えにあがろうというので、この訪中団ができたのです。壬生寺様とのご縁で、私も加えていただいた次第です。

まず鑑真和上が中国におられたときに、住職をされていた大明寺へ行きました。それから、文峰寺へとまいりました。そこに鑑真和上像が二つ、文峰寺のお像と壬生寺へお連れするお像が並んでおられました。文峰寺でまず開眼の法要が行われました。中国式の開眼法要でしたが、聞きなれない楽器とお経で、なんとも妙なる厳かな雰囲気のありがたい法要でした。

その後、一尊を船に載せなければなりませんから、手製の輿《こし》の上に載せて、私もその輿を担がせていただきました。お像とわかっているのですが、担がせていただいていると、生きておられるというような感覚を覚えるのです。唐招提寺の鑑真和上像を拝されたことのある方には、ご理解いただけると思うのですが、このご尊像も息づかいを感じるようなお姿なのです。

新しくできた鑑真和上像は、たしかにまだできたてで色鮮やかなのですが、今にもお話しになられそうな立派な趣《おもむき》で、遷化されて千二百年以上たった今でも、こうして鑑真和上像という存在になっていても、鑑真和上はわれわれを教え導いてくださっているのだなと肌で感じ、身の引き締まる思いになりました。

その後、鑑真和上像は上海から新鑑真号というフェリーが大阪南港まで出ており、その船に乗って、入国検査も受けて日本へお入りになられました。まずは奈良の唐招提寺にある鑑真和上像と対面を果たして、その後、京都の壬生寺へお祀りされました。

□五戒

鑑真和上がもたらした戒律というものですが、仏道に励むものにとっては僧俗、僧職にあるものであっても在家であっても、いずれであっても大切なものです。皆さんにとって戒律というのは身近に感じないかもしれませんが、在家の信者さんには在家の方の守るべき戒律がございます。

少し言葉を細かくしますと、戒と律は厳密には別のものです。なんと言いますか、日本には日本国憲法があります。それが戒。それに基づいたもろもろの法律があります。それが律と考えます。戒というのは、自らを戒めて、自分自身が自発的に、自分の努力として守っていくべきものです。律というのは、戒をもとにして、それに付随するルールであったり、規則であったり、またそれに罰則が伴うものも、この律です。

仏教では出家集団のことをサンガ（samgha）とか僧伽《そうぎゃ》とか言います。仏法僧の僧は、今は僧侶という意味でよく使いますが、もともとはこの僧伽の伽がなくなったもので、出家集団のことを言ったのです。この出家集団の中に入るためには、守るべき戒と律があります。
お坊さんが受けなければいけない戒律は、具足戒と言って約二百から三百の戒律があります。だから、われわれは僧侶になるときに、この戒律を一つひとつ、師匠がおっしゃるのです。こうこうこういう戒がある。「守るや否や」と言われるのです。そこで一つでも守らないと言ったら、もう、お坊さんの道は断たれます。

在家の方はどうかというと「二百も三百も守りながら、私ら、生活できません」というのが普通です。そこで、在家のために五つの守りごとをしましょうと決めたのが五戒です。

その五戒とはなんでしょうか。不殺生戒《ふせっしょうかい》、不偸盗戒《ふちゅうとうかい》、不邪淫戒《ふじゃいんかい》、不妄語戒《ふもうごかい》、不飲酒戒《ふおんじゅかい》、この五つです。

不殺生戒。読んで字のごとくです。むやみに人を殺してはいけませんよということです。これは何も殺人のことだけを言うのではなくて、ハエにも命がありますし、蚊にも命があります。無用な殺生はいけません。

不偸盗戒。これは、人のものを盗んだらいけないということです。当たり前です。自分がもらったものではないものを勝手に自分のものだと言ってもいけません。これは、ものを盗るというだけではないのです。例えば、人が見ていないところで、掃除をしている人がいました。それで、誰かが来て、「きれいにしてくれてありがとう」と言ったら、隣で何もしてなかった人が、「いえいえ、とんでもございません」と答えました。「いや、あんた、何もしてへんやん」ということになります。これは、実際に掃除をしていた人の陰徳を、この人は盗ってしまっている。これも不偸盗戒に背《そむ》くことになります。だから、ものだけではないのです。そういうものを盗ってもいけませんよというわけです。

不邪淫戒。これは、節操のないことをするなという感じですかね。

不妄語戒。しょうもないこと言うな、嘘を言うなということです。おべんちゃらを言いすぎるのも不妄語戒になります。「奥さん、今日もきれいやなあ。今日の洋服も素敵やわー」。まあ、多少は、そういうことも必要かもしれませんが、あまり言いすぎるのはちょっとどうでしょうかというのが不妄語戒です。

不飲酒戒。お酒を飲んで失敗したことがある方、いらっしゃるかもしれません。だから、飲みすぎたらろくなことないよというのが、この不飲酒戒。節度を守りましょうという教えです。

不邪淫戒と不飲酒戒は別として、残りの三つは、普段から子どもたちに親が言い聞かせていそうなことです。小さい子どもが、蟻をプチっとつぶしてしまったら、そんなことしたらいけませんとか、勝手に人のものを盗んだらいけませんとか、嘘をついたらいけませんとか、普通に、日常生活の中で言っていそうなこと、また大人が大人に注意されていそうなことです。つまり、人間が人間として自分を大切にし、また隣人を大切にして、日々をより良くどう生きていくかというための基本的な約束事というのが、この五つ、五戒ではないでしょうか。

お釈迦さんが説かれた教えというのは悟り、つまり涅槃の境地に入るためのものであって、人間の苦しみ、生老病死に代表されるような四苦であったり八苦であったり、また輪廻からの解脱《げだつ》をすることを目標としたものです。そのことを苦集滅道《くじゅうめつどう》の四聖諦《ししょうたい》として説いて、その実践として八正道《はっしょうどう》というのを説きます。八正道は、最も基本的で、お釈迦さんの教え、仏教の教えの根幹をなすものと言えるのではないかと思います。四聖諦で気づいて、八正道でそれを実践していくということです。

お釈迦さんは、四苦八苦というような人間が感じる苦しみには、必ずその原因がある。

だから、その原因をまずは認識しなさい。ああ、こういうことが苦しみの原因なんだなということを認識しなさい。それで、その原因を取り除かないと苦しみはけっしてなくなることはないというふうに言っております。

□極楽は自分自身の心が決める

それでは、その苦しみを理解する、認識して理解するためのキーワードは何かと言いますと、それは諸行無常であり、諸法無我であるということです。このことは後にお話ししたいと思いますが、要は、苦しみの渦中にある自分自身にしか、その苦しみから逃れる方法はないと言っているのです。逆に言うと、人には皆平等に、自分で困難な局面を乗り切る、切り開く力がそなわっていると説いているのです。

仏教の教えというのは、「お釈迦さん、どうかこうしてください」と言ったら、お釈迦さんがぴゅーっと飛んで来て、魔法の杖で、くるくるピュッと解決してくれるというようなことではないのです。お釈迦さんは、自分の苦行の末に得た人間の本当の心穏やかな生き方の実践方法を説いておられるだけです。だから、人間は四苦八苦の現実から逃れることは、本当はとても難しいことなのですが、それを乗り越えることは自分自身にしかできないと言っています。

これは、一見厳しいことを言っておられるように感じます。しかし、お釈迦さんからすると、「もう、それしかないから早く気づいて」と言っているのです。早く真実に目覚めて認識して、自分の生き方、自分の心持ちを変えて行こうよというのが、仏教の根本的な教えであり、仏教というのは、人間がより良く生きるための方法を説いたものだと、私は思っているのです。

五戒にしてもそうですが、仏教徒であろうがなかろうが、普通に守った方がいいだろうなというようなことが、その内容となっています。小さなことから少しずつ、自分自身がより良い人間に、さらに階段を上っていくために、まずは五戒を守りましょうということです。そうしたら、次は例えば、四聖諦のことを学びましょう。そうしたら次は八正道を実践してみましょう。そういうことを繰り返していく中で、ちょっとずつ変えるしかありません。自分自身を変えて行こうというのです。それが悟りへの道につながっていると思います。

□三学、四聖諦、八正道

さて、正直なところ、お坊さんもちょっと戒律の話をするのを嫌がる節があります。ややこしいというか、煩わしいというか、煩雑になっているのが現状です。一概に戒律と言いましても、いろいろな教えの流れがあって、その中にそれぞれ戒律がありますので、この流れの戒律ではこれはＯＫだけど、こちらの戒律では、これはあかんというような解釈の違いもあるのです。

その中で、人間が社会の中で、みんなとともに生きていくために必要な基本的約束というような位置づけで、五つの戒律のことを申し上げました。お釈迦さんの教えは、悟り、すなわち涅槃の境地へ到るために四苦八苦、輪廻からの解脱をわれわれが目指すということです。そのことを苦、集、滅、道の四聖諦として説いて、三学という形でわれわれに実践することを促されたのですよというようなことを言いました。

三学とは、戒《かい》、定《じょう》、慧《え》の三つですが、仏教の基本的なことです。これをお釈迦さんがお説きになられた。この三学をもう少し具体的に体系だてたのが、八正道の教えです。

禅寺に行きますと、座禅体験というのがあります。あれは、戒定慧の戒のところを飛ばして、いきなり定のほうへ行っているのです。ですから、何もわからない状態で、ただ座ったら何か見えてくるかというと、そういうことではないと思うのです。やはりある程度、決まりごと、こういう流れがあるということ、戒という部分をわかったうえで、定、座るということをしなければ、その先の慧というところへは行けないのです。その戒というのが、日常生活においての行動とか、言葉遣いとか、心のあり方とかを清めていく実践方法です。

　定とは、サマーディとかサマータとかジャーナ、すなわち禅や止《し》という言葉で表されますが、要は深い瞑想を得る修行、心を落ち着かせることです。戒がこの定を助けるわけです。戒を修することによって、定がしやすくなるわけです。

　次の慧とは、サティとかヴィバッサナーなどとサンスクリット語では言いますが、「気づき」ということです。すべての事柄、出来事の真実の姿を見極める。禅定にある心、定という心ができあがってはじめて、その姿を見極めることができる。慧、智慧を得ることができるということです。

そこに至るために八つにまとめて、実践的にしようとしたのが八正道です。正見《しょうけん》、正思惟《しょうしゆい》、正語《しょうご》、正業《しょうごう》、正命《しょうみょう》、正精進《しょうしょうじん》、正念《しょうねん》、正定《しょうじょう》ということです。では、この八正道を具体的に見ていきましょう。

正見というのは、正しく見る、観察する。ひいては頭が整理されている状態ということです。ただ、この正しいとは何か。誰が正しいと決めるのかという話になりますが、正しく見るというのは、何かの意見にとらわれない、固定概念を捨てて見るということです。自分自身が、絶対、これはこういうものだとか、最初から決めつけてものを見ない。だから、緩い、いろいろなことを受け入れられる頭でなければいけないということです。

逆に言うと、悟るぞ、悟るぞなどと必死になっていたら、あるいは煩悩をなくすぞ、煩悩の火を消してやるぞと、ずーっと思っていたら力んでいるわけです。ですので、そうではなくて、自分とはいったいなんなんだろう、どのような存在なのかなあと緩い感じで、正直に自分自身と向き合うということが、まずは大切ということです。

例えば、怠けてしまったという瞬間がある。人間誰しもあります。怠けてしまった、どうしよう。だからといって、「こんな自分、嫌だ、こんな自分、どうにでもなれ」というようになってはだめなのです。怠けたら怠けたで、「あ、怠けてしまった。怠けてしまったけれども、自分には怠けるところがあるのだな、気をつけよう」というような目で自分を見る。それが大切です。

あるいは、腹の立つことがあった。必死で怒るのもいいですが、怒りながらも、「あれ、なんで私、今、怒っているのだろう」という瞬間があります。怒ることに必死になっていて、なんか論点が変わってきてしまうときがあります。怒らねばならないときは、怒ったらいいでしょうが、これがこうだからこうなって、怒っているのだなというように客観的に自分を見られる、そういう細かいところまで考えるトレーニングをします。

それで初めて、なるほど、私というのはこんなもんだなと見ることができます。「まあ、生きていたら、いろいろあるわ。苦しいこともつらいこともあるわ」というような、いい意味での緩さ、肩に力の入っていない状態でいる。あまり凝り固まると、真実というか、そのものごとの本質というものが曇ってしまうことがあるということです。

だから、こだわるなというのは簡単な話で、すべてのものというのは、一瞬たりとも止まることはないのです。それは物でもそうですし、出来事もそうですし、われわれ人間もそうですが、常に変化し続けているわけです。これはもう、ものの道理ですので、それに抗ってもしかたがない。要は、変化し続けているものにこだわったらいけないということです。なぜなら喜怒哀楽の対象は、次の瞬間には、もうこの世には存在しないのですから。

人間の苦しみの発端は、渇愛《かつあい》ということです。自分がかわいい。我愛というところからすべてが始まっているということに気づきましょう。そういう視点で見ていたらものごとの本質が自然と見やすくなるということです。

二つ目の正思惟とは、ものごとをよく、深く考えるということです。自分の欲とか怒りとか、害意を排除して考える。この害意というのは、相手を傷つけようとすることです。

欲というのは、すべてがいけないわけではありません。お腹が減った。何か食べたい。これは人間が人間として生きていくため、動物が生きていくために自然の本能の中のものですし、それを否定すると、われわれは生きていくことができません。それは自然な範疇の本能です。例えば旅行がしたい。けれども、私の小遣いでは行けない。それでは、少しアルバイトをしようか。これも何かを達成するために、段階を踏むためにするもの、こうしたいからこうしようというのも自然な流れの中ですからかまわないことでしょう。それでは、何がいけないかと言いますと、このためにこうしよう、ああしようという具体性がない、もっともっとという際限がない欲がいけないと言っているのです。

怒りという感情は、嫌な気持ちや暗い妄想の始まりとなります。自分の中で「もう、私なんて、どうせ何をやってもだめだ」という思考にとらわれます。「もう、私なんかどうでもいい」という暗い感情が出てきたら、とりあえずいったん考えることをやめることです。嫌な気持ちのまま考えて、いいことは一つも出てきません。憎しみ、恨み、後悔、落ち込み、嫉妬、憂鬱、これらはあまり簡単に消えそうにないでしょう。そういう感情の中で、さらに妄想してしまうことが危険なのです。悪いほうにしか考えません。ですから、そうなったらとりあえず考えないことです。リラックスして、大きく深呼吸をすることが大事です。

それでは、害意というのは何か。これは、もちろん自分にとって不都合なこととか、自分にとって邪魔な相手に向けられる攻撃的な怒りが害意です。「あーあ、もう、あの人、腹立つし、ちょっと意地悪してやろうかな」。これは、だめです。これを害意と言うのです。自分にとって不都合だからといって、傷つけるようなことをしたらいけません。

この欲、怒り、害意というものを排除したうえで、ものごとを考えましょうというのが、正思惟です。

三つ目が正語。正しい言葉とか、正しい言葉遣い。これも何をもって正しいと言うのでしょうか。教えには、四種類の「やめなさい」と言われた言葉があります。一つが、五戒の中に入っております不妄語。嘘をつくなということです。残りの三つは、不綺語《ふきご》、不両舌《ふりょうぜつ》、不悪口《ふあっこう》です。

不綺語とは、どういうことかと言いますと、つまらんこととか、お世辞を言わないようにしましょう、無駄話をしたらいけませんと言っているのです。心に落ち着きのない人ほど、言葉の数は多い。頭が整理できていないのです。自分の頭の中が整理できていたら、たくさんしゃべらなくても簡潔にものが言えます。だから、あまりしょうもないことをいつまでもしゃべるなと言っています。

次は、不両舌。文字からなんとなくイメージがわきます。二枚舌ということです。仲たがいさせるようなこと、人間関係を悪化させるようなことを話すなと言っています。もう少し具体的に言いますと、陰口をたたくな、噂話をするなと言っています。「だって、そんなん言うたって、ほんまのことやもん」。言っていることは事実でも、やはり陰口だからあまり関心できたものではないと言えます。

四つ目が不悪口。粗野で乱暴な言葉を使わない。誹謗中傷です。話が悪口になったら、もう不悪口です。こそこそ言っている間は不両舌。その後、根も葉もないことまで言い出したら不悪口です。

いいことを言ってもらったら、いい気分になります。嫌なことを言われたら、嫌な気分になります。みんなそうです。だからいい言葉で、いい関係づくりをするように心がけましょうというのが正語です。

その次は、正業。業というのは、行い、行動ということです。私にとって正しくても、相手にとっては正しくない行動もあるかもしれません。では、この正しいはどこから判断するのでしょうか。お釈迦さんは、やってはいけない三つのことをちゃんと教えてくれています。不殺生、不偸盗、不邪淫、五戒の中に出ていた、この三つです。先に申し上げましたので、少し重複しますが、簡単に説明しておきます。

すべての命は平等であって、すべての命は幸せに生きたいと願っているものです。ところが、われわれ動物というのは、他の命をいただきながら、自分の命をつないでいます。いただかないと、生きられないわけです。それならばせめて、自分の命をつなぐために、いただいているこの数多の命に感謝するとともに、不要な殺生はすべきではないということです。必要以上にとったらいけないということです。それが不殺生です。

不偸盗は、与えられていないものを盗らないということです。何か盗みをしている人というのは、どうしても堂々と胸を張って生きていきにくい。ですから、私は不偸盗の戒を守っているというような思いで、胸を張って堂々と歩いていただきたいと思います。

最後は不邪淫。迷惑がかかるような、誰かが悲しむようなことはやらないようにしましょうということです。

これが正業です。とりあえずこの三つは、やめておきましょう。そうすれば、大きく外れることはないと思います。

次の八正道は、正命です。正しい命と言われても、あまりピンときません。サンスクリット語で言いますと、正しいはサンマと言います。正命の原語はサンマアージマ。直訳すると、生きるための手段という意味です。正しく生きるための手段。要は仕事ということです。正命というのは、人の迷惑になる仕事をせずに、みんなの役に立つ仕事をしましょうということです。

具体的に何かと言うと、毒、武器、麻薬、それに、時代的な反映もあるかもしれませんが動物、この四つの売買はしてはいけません。仕事のために殺生、盗み、邪淫、嘘、噂、誹謗中傷、無駄話、この七つの悪行をしてはいけませんと言っています。人の役に立つ仕事というのは、社会にとって必要な存在ですから、どれだけ不況になっても、どれだけ好景気になっても左右されない、そのような仕事です。ただ、仕事イコール職業ではありません。

仕事というのは、どのように生きるかということです。傍《はた》を楽にする、周りを楽にするから働くというのだとよく言いますが、労働して報酬、賃金をもらうことと、働くことは別です。

例えば、家で家事をしている。家族のために一生懸命している。これも働くことです。傍を楽にしている。そういうことが正命です。だから、ここにお金が発生するとか、発生しないとかは、別の価値観であって、それは働くこととは別の話です。世のため人のために、自分ができることがなんなのか、自分が何か、誰かの役に立てているか、誰かを喜ばせているかということを考えなければいけないわけです。なんと言ってもわれわれは、他の命をいただいて生かされているのですから、ぼーっと生きていたらいけません。

次が正精進。精進、努力する、頑張るぞということです。ただ頑張ります、努力しますと言っても、何に向かってということが、すごく難しいわけです。

仏教においては、それを基本的に四つのパターンで言っています。一つ目は、したことのない悪いことは、これからもしない。二つ目は、今、自分にある悪いところは、なくしていくようにしよう。三つ目は、今までしたことがない、いいことをしてみよう。四つ目は、今、自分にあるいいところを、さらに増やしていきましょう。

この四つを心がけていたら、大丈夫と言っているのです。これが正精進。

しかし、悟りに向かって私は頑張っていきますと言ったら、少し問題が起こる可能性があります。なぜかというと、悟りとは、どのようなものかわからないですよね。わからないから悟りのほうへ向かおうとしていますが、具体的にわからないものを追いかけても、雲をつかむようなもので、どこに向かうのかわかりません。

だから、四聖諦や八正道の実践など、まず、これをしなさいということを順々に説いてくださっているのです。それを一つひとつこなしていくほうがいいわけです。

今言いました、したことのない悪いことは、これからもしない。今、自分にある悪いところは、改善していこうと努力する。今までしたことのない、いいことをしてみる。今までしていたいいことを、さらにしてみる。この四つをする、その努力をし続けたら、なかなかの人格者になると思いませんか。それを続けるだけで、相当に人からあの人はいい人やでとか、あの人はすごい人やでと言われると思います。これが正精進です。

さて、次の二つが、概念的な話になるのですが、正念と正定というのは、解脱のための修行方法というような言い方ができるのかと思います。正念の念は、憶念とか記憶とか、そういうふうにとらえ訳されるのですが、日本語の意味からすると、気づくということです。正しい気づきというのが、この正念です。

では、正しい気づきとは何か。これまた疑問に思いますが、われわれ人間は、外から情報をとり入れています。五感を使って感じとっているわけです。この入ってきた情報を瞬間的に自分の主観でとらえて、そこから妄想とか推測とか、いろいろな感情が生まれてくるわけです。そこに煩悩が生まれます。五感から入ってくる情報をもとにして無意識のうちに感情が自分の我執、自分がかわいいというものと組み合わさって出てくるわけです。そこに怒りや欲、要は貪《とん》、瞋《じん》、癡《ち》とよく言われる煩悩が出てくるのです。

それが出てくることは、いたしかたないのです。それを、「あっ、出てきた、出てきた」と自分の中で感じる。「なんで今、むかついてるんだろう」「なんで私、こうしたんだろう」「なんで今、腹が立ったんだろう」ということを考える。今、自分が何かの情報に触れて感じたときに、こうだからこう思うんだなという自分自身を分析するトレーニング、そうする習慣をつけておくことが、すごく大切なのです。それに気づくことです。

そういう作業を毎日繰り返すことによって、だんだん自分自身がかわいいという感情から少しずつ距離を置いて、ものごとを考えられるようになりますよと言っているのが正念です。

それでは、正定とは何でしょうか。サンスクリット語でサンマサマーディと言います。サマーディとは、精神統一という意味です。精神統一というのは、五感の認識というレベルを超えたところにある認識体験です。先ほど言いました、五感から入ってくることから生まれてくる欲というものから少しずつ離れていく必要があるのです。離れていった先にサマーディ瞑想法など、精神統一をする瞑想法があります。禅定、座禅はよく知られていますが、仏教にはいくつかの瞑想のしかたがあるのです。一つのものに徹底して集中するのです。

心に入ってくる他の情報を完全に遮断する訓練、トレーニングがあります。その中で、何ものにもとらわれない精神状態になる。そこからまた精神を統一して、すべてのもの、自分が感じるものから離れるという修行があるのですが、その状態を禅定と言います。

要は、煩悩とか、いろいろなものから離れた状態、リセットされた状態、ニュートラルな状態で、ものごとを感じたり、受け止めたり、判断したりできる状態になることを、禅定に入るというふうに言うのです。それが正定です。

この正定にまでいきまして、その状態でまた正見へ戻ってくるのです。というのは、最終的に精神統一ができて、ものごとがしっかり判断できて、というところがゴールではなくて、正定から正見へのサイクルを繰り返していくことによって、解脱の道への近道になりますよと言っているのです。

結局、こういう状態を維持することによって、精神状態が落ち着く。落ち着いていくと、自分の心と身体というものをしっかりと観察することができる。そうすると、一切は苦であり、すべては無常であって、実体などないのだなということに気づくのです。

さて、細かく八正道について説いてみたのですが、この道は簡単ではありません。しかし、今すぐ始められることがほとんどです。ですから、生活の中に一つでも二つでも取り入れると、必ず自分が変わります。自分が変わると、相手が変わります。選ぶ言葉が変わりますし、態度も変わります。行動も変わります。そうすれば自分が見ている世界が変わります。そのような人たちが増えたら、きっとこの世は極楽になるはずです。

そのような日が明日になるか明後日になるか、一週間後か一年後か、百年後か一千年後か、わかりませんが、お釈迦さんから二千五百年、まだその日は訪れておりません。ただ、そのような日が必ず来ると信じ願っております。

□無明が迷いの根本

前項は、戒律の話など、少しややこしい話でした。五戒を守っていきましょうと話しました。その戒律というのは、人間が社会、要は集団の中で、みんなが共に平和に生きていくための約束事というような位置づけでいいのかなと思っております。

少しおさらいですが、お釈迦さんの教えは悟り、涅槃の境地を目指そうというものです。つまりは四苦八苦とか輪廻というものからの解脱を求めるものです。お釈迦さんは最初に、そのことを苦、集、滅、道の四聖諦として説いて、三学を修する形で、実践をしていきなさい。それが涅槃への道ですよとおっしゃられた。

その三学とは、戒、定、慧。戒というのが、戒律を守ることです。言葉とか行動とか、心のありようというものを清めていきましょうと説かれているのが戒です。

定というのは、深い瞑想を得る思想です。心を落ち着かせる、精神統一をしていくということです。それによって、慧を身につけます。すべての事柄の真実の姿を見極める。仏さんの智慧をいただく、智慧を体得するということです。

それでは、どうするのか。お釈迦さんは、こうしなさい、ああしなさいとその場、その場に応じて、いろいろな方便を使って、お話しになられました。

それらをまとめてみようと言って、のちにまとめたのが、正見、正思惟、正語、正業、正命、正精進、正念、正定、の八正道です。

四聖諦ということを話しました。この道理がわかれば、迷うことはないよと、お釈迦さんはおっしゃっておられます。

それでは、四聖諦とは何か。まずは諦《たい》、これを日本語で読むと、「あきらめる」と言います。ただ、現在日常的に使われている否定的な意味ではありません。「明らかにする」ということです。その四つの諦を一つひとつ簡単に見ていきますと、苦諦というのは、この世界は苦しみに満ちている。つらいこと、しんどいことがあるということを、まずわかっていなさい。それはもう、そういうものだということを、まずわかりましょうと言っているのです。

次は集《じゅう》、集諦《じったい》と言いますが、苦しみであることはもうわかった。苦しみがあることは事実であると悟った。それでは、その原因はなんなのかを次は突きとめていきましょう。「お腹、痛いんです」と患者さんが来たときに、お医者さんがなぜお腹が痛いのか、その原因を探るのと同じようなものです。

その原因がわかったら、次は滅諦《めったい》です。その苦しみの原因をなくしてやれば、その苦しみ自体もなくなるということです。お医者さんが、お腹が痛いと言う患者さんに、「これは拾ったものを食べたな、お腹に悪い菌が入っている。では、その菌を滅したら腹痛も治るよ」と言うているようなものです。

四つ目が道諦《どうたい》です。この苦しみを滅する道を明らかにしています。よし、この腹痛にはこの薬がいいということを言ってくれるのがお医者さん。それをわれわれの生きている世界で教えてくれているのがお釈迦さんであるわけです。

心が救われることは、仏教の目的の一つです。その仕組みと方法を簡潔に説いているのが、この四聖諦の教えです。苦しみがある。それには原因がある。これは因果一如です。苦しみという結果には理由がある。その理由を知るということです。この因果関係を利用して、苦しみから実は解放されることが可能ですよと言っているのがお釈迦さんです。「まあ、苦しみはあるよね。でも、大丈夫。ちゃんと治りますよ」と言っているのが、仏教の特徴です。

お釈迦さんは、無明が迷いの根本であると説かれました。無明というのはものごとをわかっていない。暗くて見えていないということです。無明が、その苦悩の原因であるとしたわけです。まずは、その仕組み、ロジックをしっかりと知って、要は気づきなさいとおっしゃったのです。それが、この四聖諦の仕組みです。

□苦しみは私の中から生まれる

先ほども申しましたが、諦という字は、われわれは通常、諦める、断念するというような意味で使っております。確かにそういう意味があります。そして今言った四聖諦の道理を聞いていますと、それならもう、われわれはしょうがない、諦めて生きるしかないのかということになります。極端な話、世捨て人のように生きたらいいのかと。そうしたらわれわれは悟れるのかというと、そういうことをおっしゃっているわけではありません。この諦という字には、ほかに見極められた真理とか、真実というような意味もあるのです。

この諦めるという字は、明らかにする、明白にするということです。明らかにするというのは、「あきらむ」プラス「める」。もともとは「めり」ですが、この二つの合成語。これが「あきらめる」となったのです。ですから、諦めるは、けっして断念するのではなくて、明白にする、気づくという意味で使われています。

それでは、何に気づくのでしょうか。どうにもならないことに固執してもしかたがないということです。お釈迦さんが初転法輪《しょてんぼうりん》、お悟りになられて、最初に説法をされたときに、迷いの現実というのは、苦しみであること。でも、その苦しみは、大丈夫、克服し得るものだということを説かれたのです。自分たちが今、苦しんでいることは、実は克服できるものだということを言っているのです。

それでは、その苦しみが、どういう形で存在しているかというと、われわれは普段、苦しみというのは外からやってくるものだと思っています。あの人が悪い、この環境が悪い、このようになったのはあちらが原因だと言って、外側に苦しみの原因を求めます。外から来るもので私は苦しんでいるのだと思ってしまいます。しかし実は、苦しみは、自分自身の中から生まれてきているのです。

法然上人が、面白いことを言っています。ある偉い高野山のお坊さんが、「私は、念仏を唱えようと思っても眠たくなる。どれだけ念仏を唱えていても、どれだけ修行しても、あれしたい、これしたいが出てくる。法然さん、どうしたらいいのでしょうか」。そうしたら法然上人が、「煩悩を消すなどということは、まったくなくすということは、あなたの顔から目や鼻や口を取るようなものだ」と言ったそうです。「そんなことはできません」と答えたと言います。

あれしたい、これしたいと出てくるけれども、それと上手にお付き合いしましょう。それがやりすぎることないように、思いすぎないようにしましょうというふうに法然上人がおっしゃったのです。つまり、われわれがこの世で、この身をいただいている限り、この身体がある限り、煩悩をまったくない状態にするのは難しいのです。

それでは、どうしたら、うまく付き合えるのか。煩悩というのは、なんなのか。どこから生まれてくるのか。この苦しみの原因が、例えば道で拾った食べ物だとします。この食べ物のどこが悪かったのかというと、それは渇愛というものです。渇愛、これが腹痛の原因です。これを上手に、毒ではないものにしないといけないわけです。食べ物が悪いのではなくて、その食べたものには渇愛という毒が入っていたわけです。

もしも、その渇愛からくる苦しみが出てきたとしても、たとえ何か言われた、何かされたときに、「腹立つな、なんでそんなこと言うの」と思ったときに、「ちょっと待てよ。私、なんで今、そういうふうに思ったのかな」と、一遍考えてみてください。そうしたらどこかに、「自分がいちばんかわいい」「自分がいちばん大事」という感情が生まれてきてないかなと、理論的に、客観的に自分の感情を見つめるトレーニングをしてみることが大切であると思います。

いろいろな感情が出てくるのはしかたがない。しかたがないけれども、出てきたときに、これはいけないやつだ、これはしまっておかないと、というふうに自分を自分で冷静に見られる、それぐらいのゆとりが持てるようにすることです。

では、どうしたら、そのゆとりが持てるかと言いましたら、普段から、なんでこう思ったのか、なんでこうしたいのか、自分自身と常に向き合うことが、とても大切です。ですから、出てくる苦しみを苦しみととらえるか、楽しみととらえるかは自分次第なのです。

よく言われるのですが、僧侶というのは早起きのイメージがあるでしょう。でも、全員が早起きが得意なわけではありません。同じように早朝に起きていても、それが楽か苦かは、僧侶によってそれぞれ違います。朝三時でも二時でも一時でも起きてきますという人にとっては、朝の勤行《ごんぎょう》など、どうってことないのです。しかし、「頼む、十時までは寝かせてもらえませんか」という僧侶からすると、朝の勤行ほどつらいものはありません。

これは、別に「早起き」自体が苦しいのではないのです。早起きをつらいことだと思うか、たいしたことないと思うかは、自分が決めるのです。自分がそれをつらいと感じるのか、楽なことと感じるのかは、自分で決めていいのです。人に言われて決めることではないのです。

自分で決めていいのだから楽だと思いませんか。皆さんの家は広いでしょうから、お掃除が大変だと思います。そのお掃除も毎日毎日、「なんで、私、こんなことしなければいけないの」と思うか、お掃除しながら床を見て、「今日もきれいになったな、気持ちがいいな」と思えるかは、自分で決めていいのです。人に言われるものではないのです。なんと楽なのでしょう。

人間の感情というのは勝手なもので、苦しみか楽しみかに変えるのは、自分なのです。だから、苦しいのではないのです。苦しがっているのです。つらがっているのです。自分自身がということです。本来、執着すべきでないのに、自分かわいいという思い、自分本位な思いに執着することが、その苦しみの元になっています。それが自己愛であり、自分本位であり、渇愛であるということです。自分かわいいという思いが原因になってきます。

人間というのは、自分の思い、自分の感情に世の中のものの道理を合わせようとします。だから、苦しいのです。

なぜなら、自分の思いどおりにはならないからです。腹が立つのです。私がこう言っているのだから、こうなってよと思うのです。「私が、こう言っているのだから、こうしたらいいじゃないか」「私はこうしたいのだから、周りがそう合わせたらいいではないか」と極端な話、そうなります。でも、ものの道理というのは、そうはなりません。世の中、生きていると、そううまくいかないことがたくさんあります。

自分の思いどおりにならないからつらい、くやしい、悲しい、腹が立つという感情が湧いてきます。逆に、世の中の道理に、自分の思い、自分の感情をすーっと沿わせてやったら、そのようなことは思わないでいいのです。

□諸行無常と諸法無我

それでは、世の中の道理とはなんなのでしょうか。簡潔に言うと、諸行無常、諸法無我、この二つです。つくづくすごいなと思うのですが、すべてのことが、この二つで言い表せます。これに合わないことというのに、まだ私は出合ったことがないのです。

鴨長明の『方丈記』、その書き出しは、
　ゆく川の流れは絶えずして、しかも元の水にあらず。澱みに浮かぶうたかたは、かつ消え、かつむすびて、久しくとどまりたるためしなし。

とあります。この世の中は、一瞬たりともとどまらない。今あるものは、次の瞬間あるかどうかもわからないのです。

お釈迦さんは、「すべての事象は過ぎ去るものである」とおっしゃられたそうです。因縁が変われば、その形も変わってくるわけです。それが諸行無常ということです。もろもろの事象は常ではないということです。とらわれてはいけない。固執してはいけない。なぜなら、そのようなものは、その場に一瞬たりとも同じ形でとどまることはないのだからということを言っているのです。

それでは、諸法無我とはなんなのでしょうか。私という名前がつくもの、実体としての存在はないと言っています。因縁によって、いろいろな原因によって、仮に自分の手元にあっても、因縁、原因、その環境が変われば、どこかへ行ってしまうのです。

財布の中のお金、家も土地もそうです。きれいにおめかししている洋服や宝飾品、乗ってきた車、いろいろなものすべてが皆さんのものでは、残念ながらありません。仮に皆さんのものとなっているだけで、今の社会において、仮に私の、という名前がついているだけです。

では、私という存在は、どうでしょうか。私は、ここにいる。私がいるのだから、私のものもある。現に、ここに存在している私。でも、この私自体も、実は実体がない存在なのです。なぜかというと、それは変化せずに、存在し続けている私なんてものはないわけです。十年前の写真を見たら、若かったなあと思うでしょう。毎日、同じ顔を見ていたら、同じものがあるように思う。そう見えるけれども、実は変化していっている。周りが変化しているのはわかりますし、敏感に感じられますが、われわれは自分の変化に疎いのです。

私という存在は、今、この場で、仮に現象として現れているにすぎない。そして、一時もとどまっていないのです。私たちは今、ここにある私という存在を通して、たしかに小さい頃から成長して今に至るまで、心身の変化を認めながらも、それでも、私という実体的な自分があると想定して、成長し変化する自分をつかまえているわけです。

私は私、あるのだと思ってしまう。私は私だと考える。でも、諸法無我というのは、それすら我執だと、それが私というものにこだわっているのだと、それが苦しみの元になっているのだと言っているのです。

私という存在は、時間的にも空間的にも外在的な要素を一切含まない絶対的な存在としての実体としてあるのではない。あらゆる一切の力の中の関係性、要は因果関係の中で、生かされている現象的な存在にすぎないのです。空気がある、水がある、食べるものがある、住むところがある、助けてくれる人がいる、いろいろな要素が組み合わさって、やっと今、私という仮の存在が成り立っているのです。

だから、いろいろなものが合成されて、今の仮の存在があるのだから、「ありがたいな、ありがたいな」と思えます。いろいろなものの中で自分というものができあがっているのだったら、そのいろいろなものに感謝しないといけません。そのいろいろなものによって私は今、存在として生かされているのだという自覚があったら、出てくる感情は、「ありがたいなあ」ということに尽きます。そして「ありがたいなあ」から出てくる感情は、慈愛です。慈しみの心ということです。

この慈しみの心を表しているのが、南無大慈大悲観世音菩薩なのです。要は、この慈悲の心を形として表されたものが、観音さんのお姿であり、観音さんの教えなのです。では、その観音さんの教えの元になっている大慈大悲、この慈愛というものは、どこから来ているのかと言いますと、今話したところに戻っていくわけです。

ですから、皆さんは、その身、そのまま観音さんになれるのです。観音さんの行いができるのです。観音さんの思いになれるはずなのです。皆と共に生かされて、共に生きている、このありがたい身だからこそ、自分の主張ばかり通してはいけないわけです。共に助けて、共に励んで、因縁によって生かされている自分自身も大切にしなければいけないし、それと同じように生かされている周りの人たちも大切にしていきましょうと、そう思って生きることが肝要ですよと、お釈迦さんは最初に教えてくださっているのではないでしょうか。

□仏教と神道

最後に、仏さんと神さんの話をします。

私がおります清水寺は、京都にある清水寺ですが、「きよみずでら」または「せいすいじ」という名前で、同じ清い水の寺と書くところが、現在、全国に九十か寺以上あります。京都の清水寺は、今から千二百有余年前、宝亀九年ですから西暦七七八年に創建されております。四万坪ほどの境内には、国宝に指定されている清水の舞台で有名な本堂のほか、奥の院、釈迦堂、阿弥陀堂、朝倉堂、経堂、三重塔、そして、坂上田村麻呂公や延鎮上人をお祀りしている田村堂など、たくさんのお堂があります。

この清水寺の境内地に囲まれて、地主《じしゅ》神社という神社があります。主祭神とするのは大国主命《おおくにぬしのみこと》です。境内を歩いておりますと、その神社の前で、「なんでお寺の境内の中に神社があるの」という声をよく耳にします。今ではたしかに、不自然な光景のように映るかもしれませんが、百五十年前、つまり明治維新までは、実はそう不自然な光景ではなかったのです。むしろ自然な光景と言っていいのかもしれません。

ご承知のとおり、仏教はインドで生まれました。インドで育まれた大乗仏教が、やがて中国を通って日本へ伝わってきたのです。いわば外来の宗教です。その外来の宗教が、日本に根付くにあたって、神道と密接なかかわりを持ってきます。

逆に言いますと、仏教が神道の、日本古来の神道の流れに寄り添うような形で、広まっていったと言えると思います。これを神仏習合と申します。日本人は千年以上にわたって、神様、仏さまが交わり合わさって、一つの宗教になるのではなく、神様もいる、仏さまもいる、それでいて二つが寄り添うところは寄り添いながらも別々のものとして、それぞれに手を合わせ、それぞれに敬意の念を表して歩んできたわけです。

ただ、二つの宗教として別々に成り立っているといっても、日本の仏教は、神道から受けた影響がやはり少なくないです。ですから日本の仏教は同じ仏教といえども、インドの仏教とも、中国の仏教とも、韓国の仏教とも違うのです。仏教の根本となるその教えは同じですが、その色がまったく違うのです。

インドや中国や韓国と、日本の仏教が何が違うのか。いろいろな違いがあるでしょうが、日本の仏教の最大の特徴となるものに秘仏があります。善光寺には絶対秘仏といわれるご本尊、阿弥陀さんがいらっしゃいます。その御前立でさえ、七年に一度しか、その扉が開かない仏さんです。このように普段お目にかかることができない仏さんが秘仏です。

この秘仏、私の知る限り日本以外にありません。私は、中国に二年半ほど留学しておりましたが、中国で秘仏というのを見たこともなければ、話すら聞いたことがありません。日中韓仏教友好交流会議という、三国の仏教僧侶や在家信者が毎年、各国持ち回りで意見交換や世界平和を祈ったりする集いがあるのですが、その機会に幾度となく韓国へ参りましたが、やはり一度も秘仏というのを拝見したことがありません。

ここには明らかに神道の影響があると言えるのではないでしょうか。といいますのは、遷宮など、神様がお移りになるというのは、だいたい日が落ちてからです。畏れ多き神様のお姿をわれわれが直接、お目にかかるのは不敬にあたる、無礼であるというような考えから、そのような形がとられてきたのだと思うのです。

この日本人が持つ感覚、神社では神様を直接、とても拝めないという感覚を大切な仏さまにも取り込んで、ならば仏さんもそうしようではないかということで、秘仏というものができたのではないかと考えるわけです。

また、日本の仏教が神道に寄り添う例として、寺院建立や伽藍安穏を願うにあたり、神様の加護を請うてきました。寺を建てるとき、だいたいその土地の神様に、まずは挨拶をするのです。要は、そこの土地の神様に守護をお願いして、仏さまと同じように大切にしてきたわけです。

例えば、高野山でしたら丹生都比売神社《にうつひめじんじゃ》があり、比叡山延暦寺には日吉大社が近くにあり、永平寺でしたら加賀の白山神社があります。それらに寺を守ってもらう御守護になっていただくというように、寺院は神社を、神様を大切にしてきたわけです。

僧侶であっても、僧侶以前に、日本人のＤＮＡの中に山岳信仰であったり、自然崇拝であったり、先祖崇拝であったりというような、いわゆる神様に対する畏敬の念というものが刻み込まれているように感じます。

もちろん、私もそれは同じです。私にとっては、神社へ行って、お参りするというのは、何の違和感もないことです。このような坊主頭で、このような僧衣姿の私が神社の中をうろうろしているものですから、お参りの方は思わず二度見します。「何で神社にお坊さん、いるの」。ただのお参りの方だったらいいのですが、特に結婚式でお参りしている人が見ると、「あらら、お坊さん、見てしまった」と、いやなものを見てしまったというような顔になる人もいます。別に私たち僧侶は葬式のときだけが出番ではないのです。冠婚葬祭いつもこの格好ですが、見慣れぬ方からすると、違和感を覚えるようです。

ただ、奈良時代の中期、少なくとも後期くらいからは、神社に社僧といってお坊さんが詰めていたのです。神社に所属して、神社の中に住んで、その境内の中で神社の仏事を担当していた僧侶がいたわけです。全国的に神社の中に神宮寺を建て、僧職が神社の中をうろうろしていることは、ちょっと前まで、ほんの百五十年前まで普通だったわけです。

ほかにも、仏教が神道に寄り添った影響は、たくさんあります。実は寺の法要の中にも神道の影響があります。

清水寺の年中行事の中に、例えば修正会《しゅしょうえ》、修二会《しゅにえ》、仏名会《ぶつみょうえ》という法要があります。これらの大きな法要では、必ず導師が神分というものを読み上げます。大小の神祇を勧請し、供養して御加護を願う。要は神様に降りてきてもらって、「どうか私らのことを守ってくださいね」と言って、お願いをするわけです。

また、その法要自体にも、地主神社から神職さんに出仕いただくこともございます。つまり寺の法要の中に神職がいらっしゃるわけです。

法要に神職がいらっしゃると言いますと、実は清水寺は、京都の男山、石清水八幡宮の宮司さん、今、神社本庁の総長を務めておられます田中恆清宮司をはじめとする神職の方々と年に二回、国家安泰世界平和祈願献花祭というのを催行しております。一度は清水寺で、もう一度は石清水八幡宮で、僧職と神職が一緒に並ぶのです。住職はじめ僧職のものがずらっと一列に並び、石清水八幡宮の宮司はじめ神職の方もずらっと並んで、相対するのです。清水寺で営むときは、まずは仏式の法要でお勤めをするわけです。声明《しょうみょう》といって、節のついた経を読んだりした後に、宮司が祝詞《のりと》を奏上したり、巫女の神楽舞奉納があったりというような神事を仏前で行うのです。そういう神仏合わさった祭りをしております。

このように、日本の仏教の拡がりは、神道との習合によってなされたことは否定しがたい事実だと思います。百五十年前、明治維新のときに、国家政策として神仏は組織的には袂《たもと》を分かちました。袂を分かちましたが、神道と仏教は、今でも日本人の心の拠り所であり、そして生活の一部です。ですので、同じように大切に守り、また同じように心の支えとして大事にしています。

こうして神社にもお参りいただき、次は寺にもお参りいただき、というように、永らくわれわれ日本人が生き方としてきた神仏をこれからも大切に守ってほしいと願うのです。そしてわれわれは、先祖からつないでいただいているこの命のバトンによって、今こうして生かされているのです。

いただいたこの命を共に生かされているのであり、共に生きているわけです。そのことに対する感謝の念をやはり日々忘れることなく、おかげさまの気持ちで、ありがとうございますという思いで、神仏へお参りいただき、神様仏さま、ご先祖さまに、おおきに、ありがとうございますという気持ちで、手を合わせていただければなと、そのように願う次第です。

真似て磨いて自他を照らす

◇大西皓久法話◇

□出家と行

暖かくなって季節がよくなりますと、どこか花でも見に行きたいなあという気持ちになります。清水寺は桜の名所として有名ですが、梅もなかなかよい木があります。そこで、皆さん、梅の時期に合わせて行こうかとか、桜の時期に合わせて行こうかとか、あらかじめ日程を組んで出かけていくわけですが、ちょうど花のピークに当たることもあれば、「何もあらへんわ。枝を見に来たようなもんやわ」というようなこともあります。花に出会うにしても、それぞれご縁があります。われわれはご縁の集合で、基本的にできあがっているわけです。

清水寺も、いろいろなご縁が重なって、今の姿ができあがっています。七七八年に開創され、その後、大きくなっていく礎は坂上田村麻呂公という武将と、開山の延鎮上人との出会いというご縁であります。

坂上田村麻呂公がなぜやって来られたのかといいますと、奥さんの安産のため鹿狩りに入ってきたと伝わっています。医薬効果のあると言われていた鹿を求めて来たのです。医学が発達していなかったその当時、子どもが無事に生まれる確率は、かなり低かったはずです。坂上田村麻呂公は母子ともに無事にと必死な思いでやってきたのですが、つまるところ非常に個人的な願いごとのもとに、鹿を獲りに来たところから清水寺とのご縁が始まったということになります。

われわれが生きていく中で、幸せにはいろいろな形があると思いますが、どのようなものなのだろうかということを少し考えてみたいと思います。

初期の仏教においては、僧侶は出家します。出家をすると、世間から完全にはみ出すわけです。日日《にちにち》、修行です。もちろん厳しい戒律があります。男性のケースで言いますと、女性と目を合わせてはいけませんし、女性のことを考えてもいけません。目を合わせますと、いろいろな思いが湧いてきます。「あの人、美人やな」とか、「あ、こっち、見たはる。私のこと、好きなのと違うやろか」というようなことです。そういうご縁が生まれてきてしまいますから、見てもいけない、触れてもいけない、考えてもいけません。これは極端な例ですが、そういったことが決められていたと言われています。

先に申し上げましたが、われわれは縁の集合体です。この縁というのは、良いことをたくさん運んできてくれることもありますが、余計なことも運んできます。この世の中、両方あるのは、しかたのないことです。ですから、良縁を結ぶ、悪縁を絶つ、縁結びの神様、縁切りの神様、このように両方の縁が言われることになります。女性と目を合わせてもいけない、考えてもいけないというのは、要は悪縁が生まれる危険性をはらんでいるのだから、良いも悪いも含めて、なるべくそういう縁から離れたところで生活をしようという考え方で始まっています。これが、いわゆる出家になるかと思います。

なぜなら、知らなかったら欲しいと思わないわけです。運転免許証を持っていなかったら車を持っていてもしかたがありません。家の前がすぐ駅なら電車で行ったほうがよいと考え、車に目が向かず縁が生まれません。ところが、車が便利だ、車が好きだと思ったら、もっとよい車に乗りたい、もっと静かで、もっと性能のよい車があるはずだというふうになってきます。この入り口となるものをなるべく少なくしてしまおうというのが、出家と言えるのではないかと思います。

初期の仏教において、幸せがどうのこうのということは、あまり考えませんでした。極端に言ってしまえば、出家をできることが幸せだったのではないでしょうか。皆さん、ちょっと考えてみてください。それぞれに日日の生活があります。お父さんやお母さんは家族を養っていかなければいけません。ご飯を食べていかなければいけません。いろいろ考えていきますと、自分一人が勝手に出家ができるのは、ある意味、非常に幸せなことかもしれないのです。ここにはわれわれが今、イメージする幸せとは、かけ離れた世界があると思います。

さて、この出家のグループというのは、基本的には在家の生活にかかわりを持ちませんし、生産活動を一切いたしません。ということは、もし世界が出家の人たちだけだったら、八十年もすれば人類は全員いなくなります。要するに食べる物とか着る物とか、そういった日日の生活を在家の人たち、つまり俗社会が維持していたわけです。

在家の人からすれば、いろいろな戒律を守らなければいけないし、「自分は出家できない。自分はやはり出家するほどの覚悟がない」というようなことで、出家者に帰依して法を聞いたり布施をしたりするのです。しかしながら、世間の感覚でいきますと、出家は究極の親不孝者とも考えられます。

お釈迦様は王様の息子、王子としてお生まれになりました。王様からすれば、自分の後継者にしようと手塩にかけて育てたお釈迦様が、ある日突然、奥さんと子どもを置いて、家出してしまったのです。王様にすれば親不孝者です。結果的には、お釈迦様は宗教指導者となられました。そして、いろいろなところでお釈迦様の話を耳にするようになりました。それはそれで王様にとっては幸せだったのかもしれません。さらに幸いなことにお釈迦様には息子がおられましたので、王様からすればお孫さんが跡を取ってくれると思っていました。ところが、お釈迦様は、自分の息子も出家させてしまうのです。

そのとき、さすがに王様は「勘弁してくれ」という気持ちになりました。それ以来、出家するには、親の許可がいるという決まりができたと言われています。このように俗世間の感覚で言いますと、出家は必ずしもよいことではありません。

ある日突然、旦那さんが奥さんと子どもを捨てて、自分の生き方探求のために出て行ったと聞いたら、皆さんはどう思われますか。その人が偉大な宗教者になったら、褒められることかもしれませんが、置いていかれた奥さんと子どもからすれば「何を考えとんのや、あのおやじは」というのが普通の考えだと思います。お釈迦様は王子様でしたから奥さんも息子も生活に困りませんでしたが、普通の家庭であれば、もう大変なことになります。

宗教は、ときにそういった俗世間の感覚とかけ離れたところがあります。しかし、そういうことがあるから宗教と言えるのではないかと考えられます。

われわれは出家に際して、行《ぎょう》をします。私は高野山にお世話になり、加行《けぎょう》をさせていただきました。加行は、ある特定の期間、まったく世間と隔絶して行います。この期間、新聞も読まないし、テレビも見ないし、携帯電話ももちろんないですし、基本的にはあまり他人としゃべりません。

加行とは加える行、何に加えているのかと言いますと、日日生活していくのもまた行と考え、それに加えて、仏教を専門的に学ぶ期間であるということです。この期間、世間からかけ離れた生活をします。まったく違う世界です。周りの方々に支えられ、このような期間をいただけたことは非常にありがたいことでした。

とはいえ、これは特殊な世界であり、一般的には日日の生活の中で、いいこともあれば悪いこともあります。また、いろいろな人や物事に出合っています。先に述べましたように、すべて縁によるものだと思うのです。良い人に会うのも悪い人に会うのも縁ですし、人だけに限らず、例えばおいしいものが食べられるのも、面白い映画が見られるのも、楽しいことがあるのも、すべて良い縁に恵まれたからと思います。しかし、われわれはもちろん縁だけで生きているわけではありません。日日いろいろな努力をしています。

もっとああしたほうがいいとか、こうしたほうがいいとか、ああありたい、こうありたいというように考える中で、それでは少し勉強しようかとか、もっと力を入れようかとか工夫して、日日をより良く生きていくために、努力を重ねているかと思います。必ずしも報われるとは限らないところが難しいところです。努力したら必ず良い結果になれば、こんな幸せなことはないのですが、なかなかうまくいかず苦しみます。しかし、ここから次のステップが生まれてくるのです。

□知恵と智慧

このようなときに、人は神様、仏さまと言われるようなものに祈ります。清水寺は、観音さんをお祀りしていますから、観音さんに祈ることになります。ご本尊さんは、千手観音菩薩です。観音さんの音とは、われわれがそのように苦しんでいる心の声です。それをみつけて、われわれを救ってくださるのです。観音さんは真実の眼で見て、しかもあらゆる場所に出てくると説かれています。観音経の中に書いてあるのです。大波の中にあっても、観音さんの名前を一心に唱えれば浅瀬に着くとか、火の穴の中に放り込まれても観音さんの名前を一心に唱えれば、火が消えるとか、そのように具体的に書いてあります。個別具体的な話がたくさん並んでいますが、それは例えとして使われているものでありまして、要は人生のあらゆる苦難から救うと書いています。

仏さまは、どうしてそのようなことができるのでしょうか。智慧を持っておられるからです。単なる知識に基づくものは、知恵といいます。仏さまは、完成された智慧を持っているから、そのようなことができるのです。菩薩さんとか如来さんは、すべて基本的にはそういうことになります。

われわれもこの智慧に基づいて生活をしていかなければ、苦しみは解決していきません。現実の社会にあって、われわれはそれぞれの立場に立っています。例えば家に入ればお父さん、お母さん、おじいちゃん、おばあちゃんであったりします。会社に出れば社長さん、部長さん、課長さん、職人さんであったりします。いろいろな立場があります。われわれはその立場の中で生きていますので、それぞれの立場で智慧を発揮して生きていくことが、自分自身にとっても、また周りにいる者にとっても必要なことです。そうすることによって周りにいい影響を与えるとともに、自分自身をも高めていくのだ思います。

とはいっても、完成された智慧の持ち主ではないわれわれには、現実問題として、良い成果を生むときもあれば悪いときもあります。同じようにしても、うまい具合にいったなというときもあれば、そうでないときもあります。うまくいったり、うまくいかなかったり、いろいろある中で智慧を出し合って、やっていくことが大切です。

それでは、智慧を使って生活をしていくとは、どういうことでしょうか。簡単な言葉で言い換えてしまうと、努力を重ねていくといってよいでしょう。では、努力の結果は見えるでしょうか。ポイントカードのように、「あなたの昨年の努力ポイントはマイナスいくらですよ」とか、「プラスいくらですよ」とか、「今の良いことで、なんポイント使いましたよ」というように計れません。わからないけれども、日日の行動はたしかに積み重なっているのです。われわれの宗旨で言いますと、心の蔵の中にすべての行動が次々と放り込まれているのです。自分の行わなかったことは放り込まれませんが、自分が行った行動や発した言葉が種として、蔵の中にどんどん入って積み重なっていきます。

ですから、芽が出ないからといって種まきをやめたら、それこそ芽が出ません。理屈では、よくわかると思いますが、努力し続けるのはなかなか苦しいものです。しかし、続けるしかないのです。

その種は、いつ花開くのでしょうか。残念ながら、わからないのです。例えば明日、花開くとわかっていれば、われわれはけっこう努力できます。下世話な話になりますが、「明日十万円返すから、今日八万円貸して」と言われたら、「それなら八万円貸すよ」と言えるかもしれませんが、「いつになるかわからないけど十万円返すから、八万円貸して」と言われたら、なかなか難しいものがあります。いついつに必ず何々が結果として返ってくるとわかっていたら、人間は意外といろいろな努力ができるのですが、それがわからないのがわれわれの生きている世界かと思います。

われわれは努力しても、必ず成功するとはかぎりません。これが努力がなかなか続かない原因かもしれません。失敗にしても一遍失敗したら二度と同じことをしないだろうと思うのですが、やはり同じ失敗をすることがあります。

身体には免疫という機能があります。風邪は何回でも引きますが、免疫ができる病気の場合、二度と罹らないとか、罹ってもたいした症状にならないということがあります。どうやらわれわれの心に免疫はできないようです。ですから風邪と同じで、人生も同じような失敗を繰り返してしまうのです。それぞれが互いに思い合って努力しているつもりなのに、同じような事柄で言い争いになってしまいます。その都度、何が原因だったのだろうか、どうしてそうなったのだろうかと、智慧の眼を持って自分自身を見るしかありません。

では、先ほどから出ています智慧とは、なんなのでしょうか。これをひと言で説明できて、そのひと言を皆様がなるほどとわかったら、この世のすべての人が仏さまになります。

結論から言いますと、要するに物のようにどこか外に置いてあるものでもありませんし、どこかから拾ってこれるものでもありません。買えるものでもなければ、道具として転がっているものでもありません。はっきりと自分というものがあって、その外側に智慧という便利な道具が転がっているとしたら、とにかく頑張って取りに行ったらいいわけです。

□仏さんの真似ごとの積み重ね

残念ながら智慧がどこかに落ちていて、そのうち手に入ると思っていたら、いつまでたっても手に入らないだろうと思います。では、どうしたらよいのでしょうか。日日の行い、それを身《しん》・口《く》・意《い》の三業《さんごう》と言いますが、身体ですること、口で言うこと、心で思うこと、この三つ、それぞれについて仏さんの真似ごとをしていくことです。その積み重ねによって、結果として智慧がそなわってくるのです。

といっても、われわれの目の前にいつも手本となる仏さんがおられるわけではありませんので、なかなか難しいのですが、いろいろな方法論が説かれています。もっとも身近なものとして、身近だからと言いましてもやさしいわけではありませんが、布施をするということがあります。

布施と言いますと、お賽銭《さいせん》など金銭的なことを考えますが、必ずしもそうではありません。自分の身体を使ってできるのです。やさしい言葉をかけたり、身体を使ったりして人を助けることです。耳でもできます。それは私どもの貫主が説いておられます耳施《にせ》、つまり人の話をしっかり聞くこと、その人の心に寄り添うことであり、布施全般にかかわってくる施しかと思います。また良いことは思うだけでもよいと言われます。思わなければ、できないからです。思えば次に身、口を伴う行動として表れるのです。

このような施しとは、自分の身体を使って、お釈迦様、仏さんの真似ごとをしているのです。最初からその意味が、はっきりわかってできているのであれば、それはもうすでに、智慧の階段をかなり上っているのです。なんかわからんけど、でもそうしといたほうがええと言われたし、しとこうかというようなことを繰り返していくことによって、その行動が何も考えずに自然に出るようになってきます。積み重ねです。仏教に積集《しゃくじゅう》という言葉がありますが。積み重ねる、習慣になるということですが、つまり、日日、そのように繰り返していくことが大切です。

皆さん、例えば仏さんにお参りに行くとき、好きな仏さんはおられるでしょうか。いるという人もあるでしょうし、いないという人もあるでしょう。いるという人は、何はともあれ、まずは仏さんの前に行って、ということになるものです。すると、そのお姿をジッと見ていて、おそらく自分の心が平穏なときは、平穏な顔に見えるし、なんとなく苛立っているときは、怖い顔をしているような気がするというようなことが見えてきます。この変化は、日日対話をしていないと変化はわかりません。たまたま今日はちょっと悪いことがあったから観音さんのところへ行こうかと言って、観音さんにお参りしたからといって、いい顔しているのか、悪い顔しているのか、残念ながらわかりません。日日のお参りがあるからこそ、積み重ねがあるからこそ、ふとした瞬間に、「あれっ、今日は違うな、なんでやろうか」ということになってくるのかと思います。

われわれは仏さんの前に行ったとき、静かに手を合わせます。二足歩行になって手を使うようになったわれわれは、道具や火を使えるようになり、いろいろ進化しました。その代わりこの手が、あまりに気ままに動きます。ですので、手を合わせることによって、動きを止めるのだと思います。合掌すると、何もできない。手を合わせて、まず身体、つまり自分の行いを整えるのだと思います。それは、仏さんの真似ごとをするというのでもよいかと思います。行いが整っていけば、心もそなわってきます。

このようにしていくことによって、次も同じような心ができるようになっていきます。結果として、心が養われていくのではないでしょうか。「智慧とはどのようなものか、早く知りたい」「核心を知りたい。智慧だけ欲しい」。なかなかそうはいきません。ですから、まずは自分自身の行いを整えることです。それを積み重ねることによって智慧に結びついていくのだと思います。

行いが整って、智慧に結びついてくると、幸せを感じやすくなります。そうなると自分自身がどんどん変わってきます。そして自分自身が変わるとともに、周りも変わってくるのではないかと思います。行いが整っている人は、周りにも良い影響を与え、周りも変わってきます。われわれは大乗仏教の教えに立っています。共に悟りへと向かう菩薩の行を実践しているものであり、自分だけでなく周りも一緒にというのが基本です。そこに自ずと幸せが生まれてくるのではないかと思うわけです。

ここで、仏教伝道協会会長の沼田智秀さんが書かれた本の中から一部を紹介させていただきたいと思います。「支え合って」という題がついていました。

私たちは身近な人に不足や不平は言いますが、ありがとうと頭が下がらないのです。身近な人のありがたさがなかなか受け取れないからありがとうと頭が下がらないのです。もっと言いますと、身近な人に対する甘えというか要望が強すぎて、何をしてもらっても当たり前、当然と受け流し、それと文字通り有ること難いと受け取る心を失っているから、何をしてもらっても感謝ということにならないのです。自分のあり方が少しでも見えたら、私のような自分勝手な人間のために身近な人はようこそ、ようこそ、何かにつけて気にかけてくださると感謝の念も自然に出てくるのですが、自分をよほど立派な人間と思い上がっているから、何をしてもらってもありがとうと頭が下がらないのです。感謝は自分を知った人の言葉であり行動です。自分を知ることがいちばん大事です。

これを読みながら「なるほどな」「まさにそのとおりやな」とうなずきました。すごく簡単なことが書いてあります。これがやはり難しいのです。つまり、先ほど申し上げました智慧というのは、身近な一つひとつの行動の一瞬一瞬を考えてみたら、実はそれほど難しいことではないのかもしれません。でも、それを積み重ね、続けていくことが、非常に難しいのではないかと思います。

そういった中で、幸せは形として存在するものではありませんので、自分の心が、例えば人に対して感謝の気持ちを持って、常にやわらかな状態を保っていれば、ふとした瞬間に、「幸せやな」「よかったな」と思うことが、増えてくるのではないかと思います。

そのような幸せやなというオーラが出ていれば、周りもだいたい顔を見てわかります。そういう顔を見れば周りも幸せな気持ちになります。周りとの関係性は、結局のところ、自分のそういった変化の積み重ねで、いくらでも変わっていくことができるのではないかと思います。

□一心称名

近年、春節の期間は、やはり中国の方のお参りが多いですね。京都も清水寺も、もともとは二月と八月の季節は、静かな時期であったのです。われわれが小さい頃は、仁王門の下の広場のところで野球などをして遊んでいました。三十年くらい前は、それぐらいの人でした。もちろん、たまにお参りの方にボールが当たっていましたが、ごめんなさいで済む時代でした。ごめんなさい一つで、言葉や心が伝わる人がほとんどでした。

時代は変わって、清水寺門前の坂を少し下りたところに、最近ドラッグストアができました。寺の門前町にドラッグストアとはなあ、どこかほかのところで薬を買ったらいいのにとわれわれの感覚では思うのですが、商売の観点からしますと、年間ある程度の需要が見込めるということであれば、店を開いて商売をするのは、他人がどうこう言えることではありません。

これは商売に限ったことではありません。われわれが信仰しております仏教においても、さまざまなニーズを取り込みながら変化してきた面があるかと思います。ニーズを取り込んでいなければ、もしかしたら今のような発展はなかったかもしれないし、ひょっとしたら仏教は今、なかったかもしれません。仏教の変容は、昔インドにあった頃の原始仏教と、今の日本に広まっている仏教を比較してみれば、比較的簡単に理解できるかと思います。

それでは、清水寺について言えば、どういうことになるでしょうか。清水寺はありがたいことに昔からよく知られた寺ですが、では何宗かと言われたら、知らない人がほとんどではないでしょうか。宗旨としては、もともとは法相宗になります。興福寺や薬師寺、法隆寺と同じ流れになります。

明治の廃仏毀釈の後、なかなか復興が進まず「清水、どないもならん。誰かおらんか」ということで、興福寺から来ていただいたのが大西良慶和上でした。このときすでに興福寺の住職をしておられました。清水寺の成就院の出口のところにある和上の比較的若い頃の「瑞気集門」という書には、興福良慶と名前を書かれています。面白いのは、落款は音羽山主となっています。捺す人が印を間違えたのか、わざとそうしたのかはわかりません。

清水寺は先ほど言いましたようにもともとは法相宗、今は北法相宗ですが、それではなぜこれほどまでに清水寺が皆様に信仰いただいている、親しみを持っていただいているのでしょうか。法相宗だからどうのこうのというよりも、観音さんのお寺ということによるのではないでしょうか。それではなぜ、観音さんは多くの人々の信仰を集めているのでしょうか。ひと言で申し上げますと、現世利益にさまざまに応えてくださるということです。現世利益というのは、皆様の何々してほしいなあ、何々ならへんかなあというような願いに対して、観音さんが応えてくれるということです。

清水寺の場合、本尊は千手観音さんです。千の手とありますが、当山では実際は千本でなく四十本です。一本の手に二十五の働きがあり、二十五掛ける四十で千となります。千というのは数が多い、あの手この手を使ってということです。

つまり、あらゆるところで悩み苦しむわれわれを、たくさんの手段を使って救ってくださるのが、千手観音さんということです。

観音信仰の拠り所となっている代表的なお経に観音経があります。われわれは日日お唱えしていますが、その中に、至極、具体的に観音さんの救いについていろいろ書いてあるのです。最初に挙げられていますのが、七つの難でありますす。難儀なことと思ってもらったらよろしいかと思います。

難に遭ったとき、一心称名《いっしんしょうみょう》と言って、一心にその名前をお唱えします。いわゆる南無観世音菩薩と一心にその名を唱えますと、七つの難を避けることができるのです。火難《かなん》というのは、大火に遭ったとしてもその名を唱えたら大丈夫です。水難というのは、例えば濁流にのまれたとしても、その名前を唱えれば浅瀬に立つというふうに言われております。風難というのは、例えば金銀財宝を求めて船で探しに行ったときに嵐に巻き込まれて、たとえどこか、よくわからない所へ流されてしまっても、観音さんのお名前を唱えれば、その場所で害に遭うことはないというふうに説かれております。

残りの四つは、少しなじみがなくなってきますが、刀杖難《とうじょうなん》、羅刹難《らせつなん》、枷鎖難《けさなん》、そして最後が、怨賊難《おんぞくなん》です。刀杖というのは、刀とか杖、棒ということですが、要は、こういったもので危害を加えられそうになっても一心に観音さんの名前を唱えれば、刀や棒は折れてしまい、役に立たなくなって、危害を加えられることはないというのです。

羅刹難というのは、いわゆる鬼とか、ものすごく悪意に満ちた人とか、そういう人に会っても南無観世音菩薩を唱えますと、悪いことをしてやろうという目で見ることさえできなくなって、これまた危害が及ぶことがありません。

枷鎖難、ここには鎖という字が入っていますように、鎖につながれて囚われの身となるということです。このようなときもまた、南無観世音菩薩と唱えれば、この鎖が砕けてしまって解放されるのです。

怨賊難というのは、例えば金銀財宝を運ばなければならない場合、人がいっぱいいるところはいいですけれど、寂しい山の中とかを通るときに、もしかしたら山賊が来るかもしれないと思いますと「怖いな、怖いな」と心が震え苦しむのですが、南無観世音菩薩と唱えることによって、それもまた消えていきます。

このように七つの難から名前を唱えるだけで解放される力を持っているのが、観音さんというふうに説かれております。

難は、向こうからやってくる難儀なものですが、こちらから求める二求《にぐ》、二つの願いについて、観音経の中に書かれています。結婚をして観音さんを一生懸命お参りしている人が、男の子がほしいと望めば、男前の利発な子が生まれ、女の子がほしいと望めば、みんなから愛されて敬われる愛きょうのあるかわいい女の子に恵まれるというふうに、大変具体的に説かれているわけです。

このような七難や二求は、時代、時代を背景とした、それぞれの例えというふうに理解してもらったらよいと思います。つまり、「南無観世音菩薩、観音さんに帰依いたします」と唱えることによって、向こうからやってくる種々さまざまな災難から救われるし、自分の内側から求めていく福徳と智慧を授けられると観音経の中に書いてあるのです。そして、観音経は後半のほうで、さらに十二の難を挙げて続けているのですが、観音さんの力を一心に念ずることによって救われ、解放されるとあります。

そんなに力があるのでしょうか。そんなによいことがあるのでしょうか。それなら、世の中、みんな、何かあったら唱える人ばかりになります。そうなれば、大変結構なことです。でも、難儀なことは次から次と起こって、なかなかなくなりません。

困ったときの神頼みとは、よく言ったもので、日頃何も拝まない人でも、例えば子どもが受験をするとなれば、天神さんに行ったりします。難儀なことが一回きりのときはそれでよいのでしょうが、難儀なことは次々とやってきます。ですから、日日拝む、日日心に残しておくことが、いちばん大切になってくるのです。

自分から求める願い、反対に向こうからやってくる災難に対処したいというのは、要するに苦しみから解放されたいと思っているからです。そういった苦しみから離脱したいと願うところに、観音さんが現れてくるわけです。

先ほど述べました七難のうち、一つ注目したいのは、七つ目の怨賊です。何か具体的な災難からの解放というよりも、恐怖心を湧き起こす心から解放されるということです。つまり、最終的に心に帰ってきます。

心で思うことは、なかなかコントロールするのが難しいものです。心にはコントロールできる部分とできない部分があります。これは唯識《ゆいしき》の教えになりますが、心のいちばん深層に阿頼耶識《あらやしき》と言われる部分があります。その上に末那識《まなしき》があります。末那識は無意識的な自我執着心ですが、コントロールできる部分はここです。しかしながら、なかなかコントロールするのは難しいのです。そのような意識からも解放されるというのです。

□苦と楽

苦しみからの解放と言ってきましたが、それでは苦の対義語は、楽なのでしょうか。苦楽と言いますので、一般的には、苦しみと楽しみとは正反対かと思います。しかし、楽しみも過ぎれば苦しみになりますので、必ずしも対義語とは言えないと思います。

毎日毎日、楽しいことばかりしていたら、たぶんそれは楽しみではなくなり、違う楽しみを求めたいという苦しみが発生します。毎日、おいしいご馳走を食べていたら、たまには違う惣菜を食べたいなあと、苦しみがまた発生します。毎日毎日お腹いっぱい食べさせられたら、もう少なめでええなあという思いが出てきます。

このように人生は苦楽さまざまですので、良いこともあれば悪いこともあり、良いことがいつまでも良いかと言いますと、良いことが苦しみにもなってくるのが現実です。「そんなはずはない。日日、違う楽しみばかりだったら、きっとそのようなことはないはずだ」というのは、きっとあり得ません。

したがって、仏教的に言いますと、苦楽は対義語ではないことになります。

お釈迦様が、最初に説かれた教えに四聖諦《ししょうたい》というのがあります。諦とは、真理という意味で、第一に苦諦《くたい》が出てきます。苦諦とは、要するにわれわれ生きている存在は、生老病死に代表されるように、すべて苦であるというのです。お釈迦様がまだ出家される前に最初に気づかれた真理であり、すべては苦につながっているというのです。

先ほど言いましたように、人生には楽しいことがあるとわれわれは思いますが、突き詰めて考えていきますと、苦しみに突き当たってしまうものかもしれません。

ちなみに苦諦のほかの残りの三つは、集諦《じったい》と滅諦《めったい》と道諦《どうたい》です。この道諦の中に八正道、すなわち正見《しょうけん》、正思惟《しょうしゆい》、正語《しょうご》、正業《しょうぎょう》、正命《しょうみょう》、正精進《しょうしょうじん》、正念《しょうねん》、正定《しょうじょう》が示されています。悩みの原因が苦であることに気づき、その苦が生起する原因を明らかにするのが集諦であり、滅諦は、苦の原因がわかって、それらが取り除かれ境地についての教えであり、そして道諦というのが、その境地に到るための方法論になります。

お釈迦様は、人生をこのように考えましたが、われわれは今、なかなか人生は苦だと割り切って言えません。「しんどいこともあるけれども、いいこともあるし、まあまあそれなりや」と言うように、いろいろなご縁に恵まれて、それなりの生活をしていると思っているのが、現実ではないでしょうか。苦しいこともあれば楽しいこともあると思っているのに、「人生すべてが苦である」と言われたら、「生きていないほうがいいやないか」という話になってきます。これは極端な話ですが、現実も種々さまざまなことに折り合いをつけながらたどっていく道のりとなります。

このような人生において観音さんが、いろいろな願いごとを聞いてくれる、いろいろな苦しみから解放してくれるというのは、どういうことなのでしょうか。それは、一心にお名前を唱えることによって、苦から少し解放されるということです。

そこで、窮地に陥っているときの心理状態を考えてみたいと思います。「やばい、やばい。どうしたらええやろか」とうろたえます。焦りに焦って「ああしたらええやろか、こうしたらええやろか。でも、こうしたらああなるし、こうなるし」と、いろいろ考えた末に、土壺《どつぼ》にはまる事態になります。普段ならつまずかない石にもつまずきますし、落ちない穴にも落ちてしまうというのが、窮地に陥ったときのわれわれだと思います。

観音さんの名前を一心に唱えることによって、土壺にはまったわれわれを少し引き上げていただけるのです。それが苦からの解放になるわけですが、苦からの猶予の時間がもらえるというふうに考えていただけたらどうかなと思います。つまり、少し落ち着いたところにわが身を置くことによって「どうしてああなったのか」「なぜ自分はそうなったのか」

と考えることによって、次のステップに進む第一歩が踏めるのではないでしょうか。

もちろん、日日観音さんについて何も思わず、自分のやりたいようにやって気楽に生きて、困ったときだけ「観音さん、お願いします」と言っても、それは難しい話です。日日、心にとどめておきますと、窮地に陥ったとき、お名前を一心に唱えることにつながります。時に忘れるかもしれませんし、時に自分の楽しみにふけってしまうかもしれません。ですけれども、時々に、心に思い起こしている人は、一心にお名前を唱えることにつながり、何がしかの功徳が頂戴できるということです。

観音経には、現世利益について「何々から救われます」「このような願いがかないます」というようにたくさん書かれており、一心に称名をする大切さが書かれていますが、それとともに常念恭敬《じょうねんくぎょう》の大切さも強調されています。それは常に念じ、恭しく敬うことであります。こうして、次の段階に入っていくわけです。

つまり、われわれが一心称名する前の苦しいときは、心の中がぐちゃぐちゃになっていて、もう何をしていいかわからない、なんとかしてくれという状況です。そこから一心にその名を唱えることにより少し改善され、自分自身を見つめる時間がもらえ、われわれが苦しみを感じる原因はなんなのだろうかと思いをめぐらすわけです。少し心を落ち着け、よくよく考えるとその原因となっているものが見えてきます。執着、怒り、無知などなど、明確にこれだというものが見えなくても思い当たるところに行きつくのです。そして、それから自分自身が離れないと、結局はまた、同じ苦しみを感じると気づくことにより、教えが進んでいくわけです。

繰り返しになりますが、観音さんの現世利益は、砂漠で水を求めてさまよう人に一杯の水を授ける行為に似ています。苦しむ人に、傍から見るように仕向け、冷静になるよう促すのです。将棋の対局と一緒です。将棋とか碁とかの対局では岡目八目《おかめはちもく》、横で見ている人がいちばん強いと、よく言われます。当事者は、自分自身の欲とか感情とか、いろいろ混ざり合う中で判断を下します。「絶対、こいつには負けたくない」「勝ったら賞金は俺のものになる」といろいろ考えますと、ああでもない、こうでもないと心が乱れます。そこで、具体的行動として、一心に観音さんの名前を唱えることが救いになるのです。

最初は、「なんとかしてください、観音さん、なんとかしてください」というのでよいのです。ここから観音さんを唱える心が、本当に一心になれば、だんだん「なんとかしてください」というのが抜けてきます。「観音さん、観音さん、……」と言っていますと、そのときの自分の心は、あちらこちら揺れ動きません。心から観音さんに向かって真っ直ぐに、一本の矢印が出ているようなものです。そうなれば、余計なことを考えなくなるという、具体的な効果も表れてきます。

このように観音さんと一体になる、あるいは心が通じ合うとき、われわれの心に少しの余裕ができて、そして自分自身の心の動き、実際の行動を振り返って、「ああ、なるほどね、じゃあ、まあ、こうしようか」ということになり、事態が落ち着いたときに、「ありがとう」という気持ちになります。そして「また困ったときには、観音さんの名前、言うわ」というふうに、とどまってしまうことなく、もう一歩前へ進もうと促されているわけです。

このように観音さんは、現世利益をもたらす菩薩様としてクローズアップされることが多いのですが、仏教の基本的な考え方に基づいているのはもちろんですし、われわれの宗旨、心を非常に大切にします法相宗ともつながってくるわけです。

一心に名前を唱えるだけで、いろいろなことがかなうなら、誰も苦しまないし、誰も苦労しないと思うかもしれませんが、何かあったときに、心に観音さんが常に出てくることが、大切なのではないかと思います。

すぐに具体的な解決策が出てくるとはかぎりませんが、「誰もいない俺には、なんにもない」というよりも、まずその第一歩として、「とりあえず観音さんのところへ行ってみるか」という心持ちは観音さんとご縁を結んでいなければ、まず出てきません。そういう意味でも、一心称名の重要さが強調され、観音さんとまず距離を縮め縁を結ぶ大切さをお経で述べられているのではないかと思うわけです。

□苦からの解放

観音さんは本当にありがたい菩薩様です。南無観世音菩薩と一心称名すれば、七つの難から救い出し、二つの願いもかなえると観音経に説かれていることは前項で述べました。こういうことから観音さんは比較的、世間のニーズにうまく合って、観音さんのお寺は、昔から賑わいのあるお寺が多くあります。奈良の長谷寺、大津の石山寺、そして清水寺を合わせ三観音と呼んだりします。長谷寺は真言宗豊山派の本山で、大きな観音さんが有名です。石山寺の観音さんは、本当に大きな石の上に乗っておられます。ここは如意輪観音さんです。

話は、少し脇道にそれますが、平成二十八年三月二十五日にこの石山寺で西国三十三所草創千三百年記念事業の開白法要が行われました。草創千三百年とはどういうことかと言いますと、長谷寺を開いた徳道上人は、西国三十三所観音巡礼を始めた人と言われているのですが、簡単に言いますと、一遍死にました。冥土に行った徳道上人は、閻魔様に会われて、閻魔様から「あんた、まだ死ぬにはおしい。地獄に堕ちる人が多くて困っているから、観音さんの霊験あらたかなお寺がたくさんあるので巡礼を勧めてほしい。そうすれば地獄に堕ちない。その証拠に朱印をあんたにあげる」と言われて生き返ったのです。そこで徳道上人は現世に戻って広く人々に観音巡礼を勧めたのだというふうに言われています。

こうして徳道上人が、西国三十三所観音巡礼を開いたのが養老二年（七一八）ということですから、平成三十年がちょうど千三百年になります。それに合わせて前後二年ずつ、西国札所会で記念事業をしようということで、平成二十八年三月二十五日に石山寺で開白、つまり始まりの法要が営まれたということです。

清水寺は十六番札所でありますから、平成二十八年は秋に三重塔の扉を特別に開けて、下からお参りをいただけるようにいたしました。三重塔には大日如来さんがおられます。小さな大日さんですが、日頃はお扉を閉じていますから直接目で見て拝んでいただけません。ただ、千日詣りの期間中はお扉を開けていますので、あるいはお参りされた方があるかもしれません。というわけで、今、観音さんとご縁を結ぶいいときを迎えています。

さて、先にも述べましたように南無観世音菩薩と一心にお唱えをして、困ったときの神頼みというようなところであっても、何かあったら観音様を思い出して、名前を唱えることが、観音さんの信仰の第一歩であると考えられるわけです。

人間は都合のいいもので、日日、何も思っていなくても、何か困ったことがあれば、神さん、仏さんにお祈りします。受験の前になりますと天神さんが、お参りの方でいっぱいになります。

こういうことがあるからこそ、われわれは宗教を信じるのだと思いますが、常常《つねづね》は心にかけていなくても、何かのときに心に出てくるのが第一歩です。心の中に、本当に何もなかったら困ったときも何も出てきません。まずはそのようなときだけでもかまいません。何かあったときには観音さんを思い出して、心の中でお唱えをするのが、最初の入り口と思います。

入り口ですから続きがあります。一心にお唱えして救ってもらわねばなりません。苦と書きますと何か重々しいですが、要は嫌なことから解放される、思いどおりにならないことからなんとかしてもらえる、なんとかしてほしいと考えることです。一心にお唱えして苦から解放されるのが、出口になります。

それでは、その解放の先に楽があるのでしょうか。実際に、観音さんのお心は慈悲の心、大慈大悲心と言います。慈悲とひとまとめに言いますが、一文字ずつに意味がありまして、慈のほうは抜苦と言って、苦を抜いてくれる、悲のほうは与楽と言って、楽を与えてくれると、一般的に解釈されています。

ここで言います楽とはなんなのでしょうか。なんとなく楽しいことをイメージするかと思います。しかし、与楽の楽は仏教の話です。ですから、仏教の考えが根本になりますので、われわれがイメージしている楽しいということとは必ずしも合致するわけではないですし、また、楽とはと言うように固定観念に基づいて定義できるものでもありません。

それぞれの人の感じ方、感覚の問題ですので、自分自身の心を通してものごとを見て、ある人には苦かもしれないし、ある人には楽かもしれないというようなこともあります。漠とした概念としての楽が与えられるというよりは、とりあえず苦を抜いてくれて、次に何かに向かうための時間であったり、心のゆとりであったり、そういったものを与えてくれる、それを楽と考えたほうがよいかと思います。

つまり、苦しみからの解放というのは、自分の頭の中でイメージしている楽しいこととか、楽なこととは必ずしも一致しないということです。一致していたら、俗っぽい宗教になってしまいます。俗な一面がありながらも、与えられる楽というのは、けっしてわれわれがイメージする日日の楽しいことではないというところに、宗教の奥深さがあります。そう思っておいていただきたいと思います。

□常念恭敬

一心にお唱えした次の段階として、観音経の中で説かれておりますのが常念恭敬です。これは常に心に念じて、観音さんを敬うことです。それでは、念ずるとはどういうことでしょうか。意味を調べてみますと、心の中に形づくったイメージとか思いとかを忘れないようにすることとあります。常念とは読んで字のごとく、常に念ずることです。

それでは、具体的に何を忘れないようにするのかということですが、観音さんを忘れないようにするのです。何かあったときに助けてほしいと思って南無観世音菩薩と一心称名、心にお名前を唱え、そのときだけぽっと出てくるというのでは常念ではありません。困っていないときも、良いときも悪いときも、どのようなときでも常に心の中に観音さんというものがあって、忘れることがないように念じて、観音さんを敬う、それが常念恭敬です。

では、何を頭の中に、また心の中に置いておいたらいいのだろうかということになります。観音さんの姿なのか、顔なのか、名前なのか、字なのか。どれであってもよいのです。それぞれの方がイメージされているものでよいと思うのです。

だいいち、観音さんのお姿も多種多様です。馬頭観音さんのように馬の頭が乗っている観音さんがおられたり、清水寺の観音さんのように手がたくさんある仏さんがおられたり、普通の人の姿に近い観音さんがおられたりと、いろいろな観音さんがおられます。

姿、形はそれぞれの好みでよく、心の中に観音さんならどうするかという判断基準や行動規範を常に置いておくことではないかと思うわけです。

つまり、何かを思って、何かをしようとするときに「観音さんだったらどうするかな」といつも考えるのです。それが常に念じるということではないかと思うわけです。清水寺の宗旨であります法相宗は、唯識という考え方に基づいていますす。すべては心のありようであると考えます。また、すべてのものごとは心を通して見ていると考えますので、心がゆがんでいたら、世の中のすべてのものごとがゆがんで見えるということになります。

先ほど楽について、それぞれの心によってとらえ方が違うし、同じ現象でも違うように見えると言いましたのは、唯識の考え方によっています。すべてはこの心を通して周りのものを見るのですから、欲しいものが違ったり、楽しむことも違ったり、というふうになるわけです。

ですから、先ほど言いましたように、心の中に観音さんを置いて、観音さんだったら、どうするのだろうかと考えます。しかしながら、いきなり観音さんと面と向かったら、どぎまぎします。「観音さん、どうしよう」とうろたえるかと思います。いきなり観音さんに、お出まし願うのは、少したいそうになりますので、観音さんを思い描きながら、「こうするのがいちばんいいかな」「ああするのがいちばんいいかな」と考えながら、思い得るいちばんよさそうなものを通してものを見るのです。つまり、観音さんの真似をするというイメージでよいかと思います。理想の人であってもいいでしょう。その人なら「こうするだろうな」「ああするだろうな」というようなことを真似でもいいから、心の中に思い描いて行うということです。

そうすることによって、行った行為の種が心の中にどんどん入って行きます。善悪それぞれの思いに応じた行為の種が入りますので、良い行いをしたら、良い種が入ります。ちょっとよこしまな思いで良い行いをしても、それはそれでよこしまな思いの良い行いの種が入ります。その種の中には、よこしまという部分と、良い部分との両方が入っていますので、よこしまばかりよりは、よほど良いに決まっています。その種が、次は、もしかしたらよこしまの部分は土の中に埋まったままとなり、良い部分だけの種が芽となって出てくるかもしれません。いずれにしても､種を入れない限りは絶対に芽は生えてきません。

詩人の坂村真民さんの言葉に「念ずれば花開く」とあります。道元禅師も「花開けば必ず真実を結ぶ」とおっしゃっております。つまり、念じて行い心に何か種を入れなければ花は開かないし、花が開かなければ実を結ぶことはないということです。

いちばんの根本にあるのは、結局は自分の心に種をまくことになると思います。ただ、種をまいたうえで、常々念ずることが必要になってきます。種をまいて放っておいても、土がよければ、あるいは気候がよければ、生えてくるかもしれません。けれども、よい芽を出そうと思ったら、常に土を耕して、水をやって、管理して、日日様子を見届けることが必要になってきます。

それが、常に念ずるということです。観音さんの心を考えながら、最初はその真似ごとのようなものであってもしていきます。そうすることによって、良い種が入るとともに、やがて自分自身の蔵、つまり心をも一緒に耕すことになります。

皆さんも一瞬一瞬「こんなことができたらいいな」と思うことは、たくさんあると思います。また日日の生活習慣においても、同様かと思います。毎日、家の前を掃除しようとか、勉強会に参加してみようとか思っても、それを続けるのは非常に難しい。一回ぐらいは、比較的たやすくできます。本当に簡単な早起きでさえもそうです。五時半に起きようと、まあ一回くらいなら、誰でも起きられます。でも、毎日続けるとなると難しい。

続けて行っていくことは、念ずることの難しさでもありますし、大事なところでもあります。一回、土を耕したらそれで終わるものではないというのは、頭ではわかっています。それが続かないのは、心の種が行動として発露しない、出てこないということです。

お釈迦様が最後に説かれたと言われております遺教経《ゆいきょうぎょう》というお経があります。その中に、忘念の功徳、つまり日日念ずることを忘れない功徳が説かれております。お釈迦様はわれわれ人間の性格をよく観察されていると思います。良いことを一回、思うのは簡単ですし、一回、するのも簡単です。しかし、それを続けるのは、なかなか難しいということをよく知っているからこそ、常々心に抱き続けることが大切だよと説かれているのではないかと思うのです。

このように強調しますのは、われわれの宗旨の考え方に基づきますと、あらゆる行いすべて、この心をどう持っていくかにかかっていますので、常念がその一つの手段になるからです。清水寺は観音さんの教えと、唯識の教えを説くお寺ですので、このようなことを申し上げますのは、ここを外すことがどうしてもできないからです。

□観音さんを見る、自分の心を見る

これは、実は皆さんも気づいていると思うのですが、自分が機嫌のいい日は、いろいろなことが許せます。自分が機嫌の悪いときは、ちょっとしたことで腹が立ちます。体調の善し悪しでもそうです。ちょっと体調が悪くてしんどいときは、ささいなことがやはり許せません。これはすべて心にかかっています。結局、心から出てきているのです。まったく同じ事柄に対して大きく違ってくるのです。カップラーメンができるまでの三分は長く感じますが、楽しいことをしているときの三分は短く感じます。でも、時間の単位としては同じです。

すべては心にかかっていますので、心の蔵に、いかに良いものを入れて、いかに良い枠にしておくかが、われわれが生きていくうえで大切になってきます。

しかしながら、心に入れた種も心の枠も見えません。しかも心に入れた種は春になったら芽が出てくるのかと言いますと、春かもしれないし、次の春かもしれません。もしかしたらある日突然、冬に出てきているかもしれません。いつまいたら、いつ出てきますよとは言えないのです。ただ、大前提として、心に入ってないものは絶対に出てきません。

とにかく良い種を入れ続けることが大切ですから、この種を入れる段階で、観音さんを身近に感じていただいて、心に常に置いておいてもらおうと思うのです。なんとなく観音さんのところへポッと行って、ただポッとお願いして帰ってくるというよりは、例えば月に一回でも、年に二回でも、常々心にとめている観音さんのところにお参りして、しっかりと対話をし、常に心に置いておくということです。

結局、観音さんをお参りするということは、自分の心を見ているということではないでしょうか。観音さんをお参りして、たまにこんなことを言う人があるのです。「今日は笑っている気がした」と。「今日は何か、観音さんが怒っている気がした」と話す方もいます。また、ご祈祷させていただくときも、来られた方で「今日は何か、笑っている気がした。去年は何か、ちょっと怖いような気がしたのだけど」と言う人がおられます。自分の心の中にある仏さんを、今拝んでいる観音さんを通して見ているのです。ですから、笑っているように見えるときは、自分の心が笑っているのです。怒っているように見えるときは、自分の心が怒っているのです。そのようなことは一回お参りしただけではなかなか気づきません。では、二回お参りしたら気づくのかと言いますと、それもまた、難しいところではありますが、繰り返すことによって気づいてきます。それは何をしているのかと言いますと、心を見る練習をしているというふうに考えたらいいと思います。

清水寺の中にいますと、「ああ、美しいなあ」と思うことがしばしばあります。舞台からの眺めもきれいですし、境内一帯の景色もきれいです。桜が咲いたらきれいですし、紅葉になってもきれいですが、それは、あくまでも観音さんがおられる場所をどう飾るかということの一つの手段です。それは同時に自分の心にある仏さんは、こんなにきれいな場所で、こんなにきれいな顔をしているということを表すための一つの手段になっています。しかしそれを美しいと感じるかどうかは、結局、自分自身の心との対話が、必要になってくるのではないかということです。

日日の生活は皆さん、それぞれに忙《せわ》しないですし、また、現代社会は、いろいろな情報が入ってきます。地球の裏側のこともすぐに知ることができる時代ですから、外界からたくさんの情報が入ってきます。それをどう処理し、どう考え、また、どう行動していくかということは、結局、心のあり方に帰ってくるしかないのです。心との対話をしっかりできるかどうかが、大切ではないかと思うわけです。

ですので、対話する時間をもらう場所として、お寺があるのかもしれません。お寺の鐘は、なぜ鳴らしているのでしょうか。響きがいいからでしょうか。別になくてもいいのではないでしょうか。木魚もなぜ鳴らすのでしょうか。木魚は、何人かでお経を読んでいますと声を合わせやすいというのはありますが、それだけではありません。例えば座って木魚を叩き、鐘をつく時間は、やはり心が落ち着く時間であるのです。何か心を落ち着かせる装置の一つではないかと思います。

もちろん、清水寺としては、観音さんがいちばんご縁を感じてお参りに上がってきていただいていますので、観音さんを通して自分自身の心の蔵を見て、そこに入れる種を「観音さんだったら、どうするのだろうか」「これだったら、こうだろうな」と思いながら、まずは真似ごとをしていきます。試行錯誤しながら、いろいろな種を入れて、繰り返していくことによって、それがだんだんと自分の自然な行動として出るようになるというわけです。

そして、無限ループのように、心の蔵から出てきた行為によって、また種がまかれて、心の蔵に入っていきます。ぐるぐる繰り返しているわけですが、どこかで何かワンアクションを入れないと、心の蔵は変わらないことになります。

そこで観音さんを日日、常に心の中に置いて、行動規範として行為を変えていくのです。「観音さんなら、どうするのだろうな」というようなことを考えながら、行動していきましょうというのが、観音経に説かれています、常々心に観音さんを念じて忘れない、ということではないかと考えるわけです。

皆さんは、桜の花はいつが美しいと思いますか。もちろん満開もきれいです。咲いていく途中の、だんだんと花が増えていく姿もきれいだと言う人もいます。あるいは、散り際のはらはらと花びらが飛んでいく、あの姿がいいと言う人もいるでしょう。どの桜の花も美しい。どれも観音さんだと思えないでしょうか。人は、それぞれ思っていることは違いますし、理想の姿も違いますが、どのような人も悪いことをしようと思っている人はいません。ですから、どの人も観音さんだと名前をつけていいのです。

そのようにして自分の心の中にいる人を観音さんであると名前をつけて、この人だったらどうするだろうと常々考えることは、心の中に観音さんを置いておくことになります。そして日日、行動を発するにあたっての考え方に役立てていけば、観音さんに少しずつ近づいていけると、説かれているのではないかと思うわけです。

もちろん、すぐにはできませんし、またとっさの反応のときに、すぐ真似はできませんが、余裕があるときに、観音さんを心に置いておいて考え行動することを少しずつ始めてはいかがでしょう。パパッと俊敏なやり取りのときも「お、今の俺はなかなかやな」という瞬間が必ず訪れてきます。それによって良い種が入ってきて、また次にそれが出てくるというのを繰り返すわけです。まずは何か一歩踏み出してください。仏教は基本的に行動です。信じるだけではだめです。行動を伴わないとだめですので、行動の一つとして、心の中に観音さんを置いておくことが大切だよと、観音経では説かれているのではないかと思うわけです。

□ものごとをどうとらえ、どう見るか

ある日のことです。出入りの着物屋さんが、いつもは一人で来られるのですが、その日は後ろに小さな女の子が一人ついていました。他人の子どもはなかなかかわいいものです。自分の子どもとなりますと、なかなか手放しでかわいいというわけにはいきません。子どものおかげで親にしてもらうとは、よく言ったもので、親としてどうするべきかといつも

考え、自分の感情とせめぎ合いながら、日日子どもと接しているわけです。

話は変わりますが、二〇一六年にイギリスではEUから離脱するか残留するか、国民投票がありました。日本でも参議院議員選挙がありました。このように、われわれはどちらかを選んだり、誰かを選んだりというようなことを繰り返しています。いろいろな情報を本にそれぞれが、自分にとってよいのか、自分の身近なところにとってよいのか、どちらがよいのかを決めていると思います。

これは、投票に限ったことではありません。日日の行動におきましても、われわれは自分のとろうとしている選択が、自分にとってよいのか、また周りの人にとってよいのかということを第一に考えるかと思います。そして、その選択がめぐりめぐって、いろいろなところに影響を及ぼしているのは間違いないと思います。

それでは、その選択の大本にあるのは、なんなのかと考えていきますと利益です。自分が損をするのか得をするのかというところに、収束していってしまうのではないかと思うわけです。自分がうれしく思ったり、何かいいことがあるというのも考えてみれば、自分にとって得することですし、嫌な体験をしなければならない、自分が苦労をしなければばならないというのは、言ってしまえば、損することになるわけです。

つまり、われわれ人間は、いろいろなことを考えますが、どうしても損得から離れるのが難しい。このことは、日日の経験から、たとえ小さな選択であっても十二分に感じているかと思います。それでは、この損と得の本になっているものは、いったいなんなのでしょうか。それは、ものごとをどうとらえるか、ものごとをどう見るかにかかわっています。

これは、専門的な言葉というほどではありませんが、認知という言葉で表現されます。心理学の用語ですが、要は自分の外側にあるものごとに対して、それを見たり感じたり触ったりしたときに、どういうふうに解釈をするか、どういうふうに判断をするかということを専門的に言う言葉です。

例えば、目の前にリンゴがあるとします。リンゴが好きな人からすれば、「きれいなリンゴやな。食べたいな。切って食べようかな」と思います。反対に嫌いな人からすれば、「こんなもの、どこかにやってほしい」と思います。

犬や猫についても同じです。私はちょっと動物が苦手ですので、人の家にお邪魔して犬や猫がいますと、「どこかへ連れて行ってくれ。違う部屋に入れておいてくれ」と思います。

好きな人からすれば、「おいでおいで」とうれしくてたまりません。同じ一つのものごとであっても認知する人によって、解釈が変わってくるということです。

もう一つ、専門的な言葉になりますが、認知的不協和という言葉があります。これは、二つの認知が矛盾して不快感を感じることですが、言葉で言うとなんだか非常に難しく感じます。例えを一つ挙げてみましょう。

とてもおいしいから飲んでみてと、お酒好きの人からある有名なお酒をもらいました。今はインターネットですぐに値段が調べられます。なかなかの値段です。楽しみに、いざそれを口にしてみると、そんなにおいしくないなと感じました。この場合の二つの認知は、「有名で高いお酒なのだからおいしいはずだ」と「そんなにおいしくないな」となります。この二つを仮にAとBとします。AとBの間には矛盾が生じています。そうなると、われわれは無意識に、頭の中がちょっと気持ち悪い状態になります。これが認知的不協和と言われるものであります。

これを感じるとわれわれの頭は、二つの間の矛盾を埋めようと働くのです。「自分もまだまだ酒の味がわかっていないな」と、自分の側の認知Bを変化させてみたり、「有名で高いからといっておいしいとはかぎらない」と、お酒への認知Aを変化させてみたりするなど、いろいろな手段を使って認知を変化させ、二つの間の矛盾を解消させ、この不協和を弱らせようとします。

これは頭の中、思考だけにかぎりません。実際の行動を伴うこともあります。喫煙を考えてみると、煙草を吸うと肺がんになりやすいというのと、煙草を吸うという行為は明らかに矛盾をはらんでいます。皆が論理的に行動をすれば煙草をやめることになります。しかし、禁煙することは非常に大変なことであるため、難しい行動を変えるのではなく、より変えやすい思考のほうを変えます。つまり、煙草を吸うから必ず肺がんになるわけではないとか、煙草を吸っているが元気に長生きした人もたくさんいるなどと考えます。われわれは不快感を頭に残したくないために、つじつまが合うように変化できるほうを変えるのです。

このようにたくさんの例が考えられますが、これは何も一部の行動だけに適応することではありません。われわれが生活をすることは認知、行動の連続です。

自分の思ったとおり行動して思ったとおりの反応が返ってきたときは気持ちがいいも

のですが、自分の思ったとおりの行動をして思わない反応が返ってきたときは、「まじか、どうするよ、これ」となります。また、自分が思わずやったことが、あるいはいやいや行ったことが、思わぬ相手から好反応を受けて、「こんないいこともあるもんなんや」ということもあります。つまり、日日の生活はいろいろな認知的不協和の連続であるということです。

少し戻りますが、認知する人によって見方は違いますので絶対的なものの見方はなく、それぞれの角度によって見え方が違うわけです。ピラミッドは正面から見たら三角ですし、上から見たら四角ですし、ちょっと横から見たら、また違う形というように、一つのものが見る角度によってまったく違って見えるということです。

だからこそ、われわれが生きていくというのは、面白くもあり難しくもありということになります。皆がいいと思っていても、自分はいいと思わないこともあるし、皆がダメだと思っていても自分はいいと思うこともあります。ですから、このような食い違いが続いていきますと、やはりちょっとつらいところもあるし、思うようにならないことも多々あるし、苦しみが、いろいろなところから生まれてくるのではないかと思います。

苦しみからいかに離れて生きていこうか、いかに苦しみをより少なく感じて生きていこうかということですが、お釈迦様は、もっと根本的な苦しみからの解放を目指して、仏教をお開きになったことは、先にも述べたとおりです。

□心を整える

心理学に割れ窓理論というのがあります。目の前に車が二台あります。一台はピカピカのきれいな車。もう一台は汚い車。さて、そこでバットを渡し「どちらか壊していいよ」と言われた場合、われわれはどちらを選ぶのでしょうか。だいたいは汚いほうの車を選びます。

道でも同じです。掃除が行きとどいて大変きれいな道路では、ちょっとゴミを捨てようかと思っても、何かいけない気がするけれども、ゴミがいっぱいある道路だったら、自分がポッと捨てるくらいのことはできてしまいます。これが割れ窓理論です。少し難しく言うと、すでに秩序が乱れていると、さらに秩序を乱す行動への心理的抵抗が下がるということです。

車で道路を走っていますと、とてもきれいなところと、妙にゴミがたくさん集まっているところがあります。誰か最初の一人が、きれいなところにポーンとゴミを放りますと、「ここは、ゴミあるし、まあ、いいか」という感覚で、ゴミがどんどん増えていった結果がこういうことになったのです。

道の傍らや駐車場の片隅などに鳥居が描いてあるのを見かけます。諸説ありますが、われわれ日本人は鳥居を見ると、なんとなく畏れ多い気持ちになって、そういうところにはゴミを捨てにくいとか、立ち小便をしにくいと感じます。つまり、ここは鳥居があるような神聖なところなんだぞと思わせて、きれいに保つという効果を狙っているのですが、割れ窓理論の逆をいく考えです。これは、物や場所に限ったことではありません。自分自身、つまり人間にも適合することなのです。

本で読んだことですが、マクドナルドの創業者として、最初にチェーン展開をしていったレイ・クロックさんという人がいます。それからロスチャイルド家と言いますと、何かすごいお金持ちというイメージがあるかと思いますが、そのロスチャイルド家に嫁いだナディーヌさんという方がおられます。ナディーヌさんは、特に良家の出身というわけではなかったそうですが、ロスチャイルドさんと結婚することによって、名門の家に入られたわけです。そのレイ・クロックさんやナディーヌさんに共通していることは、自分自身の身なりを整えることを非常に大切にしていたということです。

マクドナルドは、おいしいハンバーガーを提供していたから発展したと思われがちですが、それだけではないというのです。店やそこで働く人々が清潔で、きちんと整った身なりをすることによって、周りの人から評判がよくなり、好評を得て、人が入りやすくなるというのです。

もう一方のナディーヌさんも、自分一人で家にいたとしても、人が来るからきれいにするのではなく、日日からきれいにしておいて、自宅近くのお店に買い物に行くようなときでも、誰に会うかわからないので、きちんと身なりを整えて出て行くというふうにすることが大切であるというのです。

身なりといいますと、外見の話になりますが、その人の象徴であるのです。もちろん身なりだけではありませんが、身なりの整っている人に対応するとき、人はどのような態度をとるでしょうか。比較的その身なりにふさわしい対応をしようとするものです。逆に、身なりの整っていない人が突然来て、何かしてくれと言っても、なかなか応じられません。

寸借詐欺というのがあります。財布を落としてしまったと嘘をついて、帰りのタクシー代を、あるいは電車賃を貸してくださいと申し入れるのです。そういう人は、きれいな格好をしているものです。きちんとスーツを着て、ちゃんと仕事をしているような鞄を持って詐欺を働きます。ところが、そうでない人が、「財布を落としてしまった」と言っても、嘘でしょうと疑うのが人間なのです。きれいな格好の人が言いますと、「この人なら信用できる。帰りの電車賃くらいなら」と千円、二千円、渡してしまいます。

極端な例えになりましたが、つまりは自分自身を大切にしている人は、他人からも大切にされる傾向があり、人間は、そのように周囲に対応する生き物なのだということです。

これが、身なりの話だけで終わってしまいますと、単なる処世術になってしまいますが、自分自身の心にも適用していっていただきたいのです。つまり、心を整えるということです。といっても、いきなり心を整えると言われても、「そんな、どうするの」ということになります。

□自分が変われば周りも変わる

それでは、もう少し具体的な話をします。先に話して繰り返しになるかもしれませんが、観音さんの心に近づくようにして、心を整えていくということです。先ほど一心に称名した後に、いつも心に願い続ける、あるいは思い続ける、「観音さんやったらどうするだろうか」「ああするだろうか」と考え続けるということが大切であると話したかと思います。つまり、自分自身が観音さんであるかのように振る舞うということです。何かあったときに、すぐ自分の感情でとか、自分の思いだけで何かをしてしまうのではなく、それぞれが自分の心に問いかけて、まずは観音さんの真似ごとをするということです。

芸事も最初は見よう見まね、大工さんなども同じです。もっとも今は、寿司職人になるにも学校があり三か月で一人前になれたりするそうです。寿司屋さんとか大工さん、また芸事の世界は、まずは見る、そして真似る、それの積み重ねによって、最初は真似していたものが、だんだん自分のものになって、自分自身が高まっていくのです。今までできなかったことが、真似てできるようになるということです。

しかし、いきなり観音さんの真似ごとと言われても非常に難しいです。ならば、まずは自分自身の身近にいる尊敬できる人、あるいは本で読んだ偉人でも結構ですから、こういう人間になりたいという人の行動を真似してみることでもいいのかもしれません。

先ほど子どもとのかかわりにおいて、自分の感情と、父としてどうあるべきかということのせめぎ合いだと言いました。ですけれども、心の中の観音さんが抜きになることはないよう努めています。父としてどうあるべきかと考えながら、時に感情が勝つこともあります。父としてはこうあるべきというところが負けて、感情的に反論することもあります。私はすごい父親であると思っていませんし、すでに父親として完成しているとも思っていません。それは感情が勝ったり負けたりすることからもよくわかります。

私の中で、いろいろなものに接したり、人に会ったり、周りとの関係を見たりしながら、観音さんを思い浮かべ父親とはどうあるべきかを日々考えています。そのとき、私の心は丸になったり、細長くなったり、ちょっととがったり、いろいろな形の変遷を繰り返しながら、次のより良い形を模索しているのです。

われわれにとっては直ちに観音さんとはいかないかもしれません。しかし心に誰か、自分の真似したい人を思い描きながら行動し、それぞれいろいろに心の形を変えていくわけです。そして、これが変わらなくなったら、それはもう完成したということです。

変わっていく心の形は、丸が小さいときもあるでしょう。大きなときもあるでしょう。とがるときもあります。けれども、感情がすぐに出てくるのではなく、まず「こうあるべきではないか」「ああするべきではないか」と、一遍心を通すということが大切なのではないかと思うわけです。そうすることによって、芸事の世界ではないですが、真似をして、少しずつその形が、本来あるべき形に近づいていくのではないかと思います。

もう皆さんは十二分に気づいているかと思いますが、われわれは身近な人や物との影響の中で、日日の生活を営んでいますし、それぞれが影響を及ぼし合っています。ということは、こちらが変われば周りも変わるということなのです。

いきなりこの世界全部を、例えば観音さんの浄土にしましょうといっても、なかなか難しいことです。そのような大きな話は「どうしたらいいの。点にしかすぎない自分にとって、何ができるの」ということになりがちです。そうではなくて、それぞれが影響し合っている世の中だからこそ、一つの変化が周りにさまざまな変化を及ぼし、少しずつ変わっていくということです。

われわれは大乗という大きな乗り物に乗っています。あらゆる人々を乗せて、みんなで、いいところへ行きましょうというのが大乗仏教です。それぞれの人たちが、それぞれの社会で、いろいろな役目を持って働いていることは間違いのないことです。その役目の中に、少しずつ観音さんの心を入れて、行動を真似して変えていただくことによって、身の周りにいろいろな反応が及んでいくのだと思います。

われわれはよく「私は、こんないいことしたのだから、あなたもしてや」と求めます。ですが、してあげたら、それで終わりです。ちょっと突き放すような言い方になるかもしれませんが、相手がどう受け止めるか、相手がどういう反応をするかは、また別の問題になってきます。

四無量心《しむりょうしん》という言葉があります。慈、悲、喜、捨、四つの心を言います。清水寺の中興開山であります良慶和上がよく説いておられましたが、四つの無量の心を起こして、無量の人々を悟りに導くことです。無量とは、限りのないということです。慈は相手に対する慈しみの心、悲は相手の苦しみを抜いてあげたいと思う心、喜は相手の喜びをわが身の喜びとして喜ぶ心、そして捨は喜んで捨てる心です。喜と捨とを一緒に言うことがあります。お賽銭を喜捨と書いてあるところがあります。喜んで捨てるとは、お賽銭、例えば百円を入れるから百円分の利益《りやく》を返してくださいということではありません。自分が心の真《まこと》を尽くして行ったことに対して、次は、こういうことがあるだろうから、こうしようというとではないのです。自分自身の真心として行いをするところに仏教的な心が生まれます。自分が変わると同時に周りも一緒に変わっていくのではないかと思うわけです。

□真似て磨いて皓皓と

最後に、伊達政宗の辞世の和歌を紹介したいと思います。私の好きな言葉でもあります。

曇りなき心の月を先だてて　浮世の闇を照らしてぞ行く

「浮世の闇」というのは、われわれそれぞれの人生です。いろいろ浮き沈みがあり、良いこともあれば悪いこともあります。「曇りなき心の月」とは、自分自身の心の中にある観音さん、月となるような核、今の私の言葉で言いますと行動規範となるようなものです。「こうするべきだ」「ああするべきだ」「こうあってほしい」「こうあらなければならない」

というような心の月を拠り所として、浮世の闇を行くというのです。

さらに、浮世の闇を行くと言いますと、自分一人で行くように受け取れますが、「照らしてぞ行く」とあり、自分の道も照らすけれども、ほかの人の道も照らすことになるのです。

つまり、それぞれの人にとってみれば、小さな変化かもしれませんが、それが確実に周りの人に影響を及ぼすものです。風が吹けば桶屋が儲かるというのは、あまりあてになりませんが、それぞれがそれぞれに影響し合う世の中だからこそ、それぞれが心の月を持ち、自分だけが生きるのではなく、周りを照らして一緒に行くことが大切なのだろうと思うのです。

伊達政宗は戦国武将ですから、もしかしたら自分のことしか考えていなかったのかもしれませんが、周りを照らして一緒に行こうとしていたとも解釈できると思うわけです。

皆さん、最初は観音さんの真似ごとであっても結構だと思います。初めは、どうあっても真似ごとにならざるを得ないでしょう。それがそのうち真似ごとでなくなり、考えずに出た行動や言葉が観音さんの言葉のようであったり、観音さんの行動のようであったりするようになっていくはずであると思うのです。

吾、十有五にして学に志す。
三十にして立ち、四十にして惑わず。
五十にして天命を知り、六十にして耳順《したご》う。
七十にして心の欲するところに従えども矩《のり》を踰《こ》えず。

これは、孔子の言葉です。孔子も同じようなことを言っているようです。七十歳くらいになって、別に何も考えずにしゃべっても行動しても大丈夫になったと言っています。十五歳のときから学び始めてずっと積み重ねがあって、そういうふうになってくると言っているのです。

まずは真似てでもやらなかったら何もできません。真似て、真似て、いろいろなことを真似て、そして先ほど申しましたように心のきれいな月を磨いていただきたいのです。その月は満月で皓皓と輝く明るい月もあれば、三日月の細い月もありますが、どのようであってもいいと思います。心の月が、自分を照らすとともに、人も照らすということが大事になってくるのだと思うわけです。

◇森　清顕法話◇

生きること死ぬこと

□水の縁

清水寺と言いますと、皆さんのイメージにあるのは舞台のある大きな本堂と、もう一つは「清水寺」という名前の由来ともなりました「音羽の滝」ではないでしょうか。しかし、皆さん、知っているようでご存じないのが、ご本尊様と宗派です。清水寺の宗派は、何宗でしょうとお尋ねして、すぐにお答えになれる方は、あまりおられません。実は北法相宗という、法相宗の流れをくむお寺です。法相宗は、奈良時代に中国から日本に入ってきます。皆さん、よくご存じの平安時代の天台宗や真言宗より日本では古い宗派です。それではなぜ、皆さんは清水寺の宗派をあまりご存じないのかと言いますと、実は、お寺が成立しましたいきさつにも大きな理由があります。

清水寺は宝亀九年（七七八）創建ですから今から千二百年ほど前、山間《やまあい》に、水が湧いている地でありました。そこに行叡《ぎょうえい》居士という仙人みたいな方がおられたそうです。

あるとき、奈良の飛鳥に子嶋寺というお寺があるのですが、そこの延鎮《えんちん》上人という和尚が夢をご覧になられます。夢の中で聖人が出てきて「あなたを待っている人がいるから、早くそこに行け」と。「北へ北へと行くと、一筋の光る水がある」と、こういう手がかりを言って消えてしまいます。

明くる朝、延鎮さんは跳び起きまして、北へ北へと行きますと、やはりお告げどおり川に、一筋に光る水があります。この水を手がかりとして、源を訪ねるとおられたのが、その行叡居士。「実はあなたを待っていました。この山は観音様の霊山で、しかもこの湧き出す水は観音様の霊水です。これから私は志があり旅に出なければいけないので、この霊山と霊水をあなたに託す」と行叡居士は言うや否や、姿を消します。

延鎮上人はその遺命を守りまして、そこでしっかりと霊山と霊水を守り修行されておりました。そうしますと、しばらくたったある夏の暑い日に、一人の武将が鹿狩りに上がってまいります。その武将というのが、坂上田村麻呂公です。田村麻呂公が鹿狩りを終えまして、暑いときですから、のどが渇いたので水を探していると、きれいな水の流れをみつけます。この水は、どこから流れているのだろうかと源を訪ねると、そこにおられたのが、その延鎮上人。

延鎮上人は、山に来た理由を田村麻呂公に尋ねると、田村麻呂公は、鹿狩りであることを告げます。すると延鎮上人は、実はここは観音様の霊山で、いわゆる聖域の山。ですから、そこにおいて殺生はしてはいけないことを諭されます。この鹿狩りというのは、奥さんの安産のためだったのです。薬餌《やくじ》を求める猟として鹿狩りに上がってきたのですが、その鹿をきちんと葬りまして、お供養をして、観音様とか仏さんのお話を聞法して、家へ帰ります。

ちなみに、鹿をどこに葬ったかということですが、鹿間塚と昔から呼ばれる場所が境内にあります。清水寺の正面を上がってこられまして、仁王門を入りますと、左手に大きな鐘があります。鐘撞き堂があるのですが、その建っている小さな丘のような場所を鹿間塚と言い、おそらくそこに葬ったのではないかというふうに伝わっています。

さて、家に帰られました田村麻呂公は、夕飯を食べながら奥様の三善高子命婦《みよしたかこみょうぶ》とこの出来事を話したのでしょうか。命婦も同じ罪と感じられ、その住まわれていた家を移築して、延鎮上人に寄進します。おそらくお寺らしきものができたのが、この頃なのでしょう。

そうこうしているうちに、田村麻呂公に命が下った。いわゆる征夷ということで、今の岩手県奥州市の水沢を中心に独立した地域を成していたのですが、その地域を率いていた阿弓流爲《あてるい》と母禮《もれ》という、二人のリーダーの首を討ち取ってこいという命令で行くわけです。

なぜ朝廷が討伐に動いたかというと、岩手県の名産や名所を思い出していただくとわかりやすいかもしれません。ご存じのように中尊寺には金色堂があります。南部鉄器も有名ですし、北上川が流れています。ついでに、温泉まであります。要するに、金や砂鉄などが採れるということは、豊かな土地で武器が作れますから、朝廷としては平定しておかないと反乱を起こされるという疑心暗鬼があったようです。

それで、勅命ですから田村麻呂公は行って戦うのですが、一方の阿弓流爲、母禮は立場が違いました。朝廷に刃向かうとか、そういうものではなく、ただ、攻めてくるから自分たちの生活を守るために戦ったようです。このことがわかりますと、おそらく田村麻呂公と二人が話をして、二人を生かしたまま京都へ連れて帰ってきます。本当は、首を持って帰らなければいけないわけですから、田村麻呂公にしても自らの身命をかけてのことであったようです。

田村麻呂公は二人を連れて帰り、朝廷に「この二人の命を助けてやってほしい。もう一度、その地を守る長として認めてほしい」ということを一生懸命朝廷に嘆願するのです。

しかし、その願いはかないませんでした。二人は最後、隣の大阪の枚方に移され、そちらで首をはねられてしまいます。『日本紀略』の中には、田村麻呂公の懇願に対して公卿たちが、二人を故郷に帰すのは猛獣の虎を養って心配を残すようなものだと反対したことが記されています。二人が首をはねられた所と伝えられる地には、今は片埜神社があります。

田村麻呂公は、二人の命を助けられなかった、また敵・味方、たくさんの血が流れましたから、そういう人たちの供養をしたいということで、縁のあった延鎮上人に相談をし、堂塔伽藍《どうとうがらん》を整え供養されたのが、清水寺の誕生から寺として動き出すいきさつです。

今お話ししましたように、どこかの宗派の祖師さんが来られ、ここにお寺を造ろうという話ではないのです。ただただ、この山は観音さんの山で、観音様の聖地であり、水が湧き出している。そして、水を縁にして集まった行叡居士と延鎮上人と田村麻呂公という三人がおられたのです。この三人が水によって引き合わされ、そしてここに観音様のお寺ができた。というように、別に最初に宗派があってできたお寺ではないのです。観音様とその湧き出す霊水によってできたお寺なのです。

例えば、清水寺の隣に知恩院さんという浄土宗の総本山がありますが、あちらは浄土宗の開祖である法然上人が住んで教えを弘められたという縁によって、あの場所に大きなお寺ができています。親鸞聖人が祀られておられるというので本願寺さんができたり、空海さんに寺造りをまかせられて住まわれたので東寺さんができたりしましたように、その宗派の開祖の方が深くかかわっておられるという場所が大きな本山になっているのです。

ところが今、清水寺のお話をしましたが、誰も宗派の開祖というような人がいないのです。要するに、観音さんの霊場としてできていますから、その当時から観音さんの祀ってある山、空間ということで、宗旨宗派に関係なく、皆さんがお参りに来られたということなのです。何宗だからその山に行こうかというのではなく、皆さんが観音さんにお参りするためにお越しになったという独特なお寺の成長があったわけです。

その後に、興福寺という奈良の大きなお寺の影響があって、法相宗という宗派に属します。清水寺の宗派が、あまり知られていないのは、このようないきさつだからです。

□観音様のお寺

やはり清水寺というと何宗より、あの本堂舞台のイメージが大きいと思います。先日、本堂で修学旅行生の面白い質問がありました。その学生さんは法衣姿の私をみつけ走ってきて、「清水の舞台はどこですか」と言うのです。「いや、ここです」。要するに、いつも頭にイメージしている雄壮な懸造りの舞台のあの姿がないと言うのです。それは、そうです。舞台の上にいたら、その姿は見えません。反対側の奥の院を指さして、「あちらから見たら、皆さんが思っている舞台は見えるよ」と言うと、また走って行きました。

それだけ印象深いのでしょうけど、「本堂舞台」という名前をもう一度考えますと、「本堂」は観音様を拝む場所、「舞台」はステージです。まったく異質の名前が合わさっています。その理由は、少し本堂舞台を思い浮かべていただきますと、広い舞台のところと、靴を脱いで上がる本堂のところで「本堂」と「舞台」の境界があるのです。何が目印かと言いますと、柱の形が違います。舞台側の柱は四角い柱ですが、本堂のお参りするところは丸い柱です。ここが境です。

ですから、あの舞台は仏さまに舞を奉納するために造られたものなのです。つまり、観客は観音さんだけです。私たちが見ようとしますと、あの大きな柱が邪魔をして、ちゃんと姿が見えません。本堂のいちばん奥に仏さんのおられる須弥壇《しゅみだん》があるのですが、その壇に上がり、仏さんと同じくらいの目の高さにもっていきますと、なんと不思議なことにきれいに舞台の景色が見えるのです。ですから、あの舞台は、仏さまのためだけに造られた、そういう舞台なのです。

もう一つは、先ほど申しました舞台の下にあります音羽の滝の水です。清水寺ができる三人を引き合わせた観音様の霊水です。あの水、清水寺にお越しになったときにお飲みになりましたか。三筋、出ていますが、真ん中の水が長生きをする水、向かって右が恋愛がかなう水で、左が学業成就の水です。

最近、よく「これ、効きますか」と尋ねられます。私は冗談で「効き目には個人差があります」とお答えしますが、この三つの効能は、バスガイドさんたちがいつ頃からか案内されていることでして、夢のない話をしますと、水が湧き出ているところは一か所で、都合上三つに分けています。

それでは、いつ頃から三筋なのかと資料を探していました。ちょうど五百年前くらいに描かれました清水寺の古い絵地図の参詣曼陀羅には、すでに三筋に描かれております。さらに調べていきますと、鎌倉時代の終わり頃つくられました「法然上人絵伝」という絵巻に本堂と音羽の滝が描かれていまして、滝が三筋になっています。七百年前にはもう、今の三筋の形になっていたようです。

清水寺には、修学旅行の学生さんから世界の要人まで、いろいろな方がお参りになりますが、霊水のご利益が海外にも広まっているようです。先日、ある国の要人が、清水寺にお越しになりまして、案内をさせていただいたときに、急にあの水が飲みたいとおっしゃったのです。見ていましたら、杓《しゃく》で真ん中から左、右、真ん中と、水をブレンドして、それを飲まれました。

あとで、お付きの方に「なぜ水をブレンドされたのですか」と聞きました。そうしましたら、こういう返事でした。あの水は、恋人ができる、長生きする、勉強ができるというように聞いています。もし、まかり間違って、恋人ができる水を飲んだら、本国で、よからぬことを考えているのと違うかとか、長寿の水を飲んだら、ひょっとして健康不安があるのと違うかなどと、憶測を呼ぶといけないので、三種類をブレンドして飲まれたらしいのです。バスガイドさんの話が、えらい世界政治にかかわる話にまで発展しているのかと霊水のお力に感服しました。

清水寺の由来になりましたこの水ですが、水というのは、とても大事なものです。日本には幸いにも大変豊かに水がありますから、よくよく考えないとありがたさに気づかないのです。また、人生儀礼においても水はなくてはならないものです。まず生まれたときは産湯を使います。亡くなったときは死に水をとります。生まれるとき、死ぬときには、この水が必要です。

神社やお寺に行きましても、入り口には必ず手水がありまして、水を取り、左手、右手、口をすすいで、最後、この杓を清めて、また次の人が使うというように、水には穢《けが》れを清める、再生するという意味があります。

この水というのは、清水寺では、観音様の化身ととらえています。先ほど言いましたように、行叡居士、延鎮上人、そして坂上田村麻呂公を結びつけたのも湧き出す霊水がご縁です。ですから、この霊水は、観音様とも言えます。

例えば、弁天さんの象徴的な姿といいますと、楽器の琵琶です。弁天さんは、いつも琵琶を持っています。お不動さんでしたら後ろに火炎があります。そういうふうに、仏さまには象徴的なものがございます。

ちょっと余談になりますが、神仏のお遣いというのも同じなのでしょう。いちばんよく知られているのが、お稲荷さんの狐でしょう。大黒さんは俵の上に立っていますが、お遣いは、あまり知られていません。実は鼠です。俵を踏まえて、周りで鼠がちょろちょろしたら、なんか気になってしょうがないような感じですが、鼠がお遣いです。

毘沙門さんのお遣いはムカデです。京都に毘沙門堂というところがありまして、夏場はムカデが出てきます。私の自坊でもたくさん出てきます。先にお風呂に入っていたり、座布団に座ってくつろいでいたりします。

この間、落語の本を読んでいましたら、このような話が書いてありました。毘沙門さんはムカデに、「おい、ムカデ、ちょっと吉祥天さんに手紙を持っていってほしい。直《じき》に持っていくんやで」と、こう言いまして、よほどたって、ふと玄関をみると、まだムカデがごそごそしております。「おー、行ってきたのか」と聞きますと「いやいや、今、草鞋《わらじ》を履いております」と。ムカデの足に、一つずつ草鞋を履きだしたら、えらいことになりますね。仏さまは、お遣いや化身というように、自身の姿そのままだけではなく、変身して助けに出現されるということです。

観音様には、十一面観音さん、聖観音さん、馬頭観音さん、如意輪観音さんなど、いろいろな観音さんがおられます。清水寺は十一面千手観音さんです。

この観音様の教えは、法華経の中に説かれる「観音経」というお経の中に「観世音菩薩」の名前の由来や働き、即ち救済の姿が説かれています。清水寺のご本尊さんは、千手観音様ですが、千手観音さんと聞くと、手がいっぱいある観音さんというイメージでしょうか。たまに千手観音さんをご覧になって、手を数えて、千本ないとおっしゃる方もおられます。奈良時代とか、また東南アジアの仏さんで実際、手が千本ある観音さんもおられます。唐招提寺さんや葛井寺さんの観音さんは欠損している手はありますが、初めは手が千本ある観音様でした。しかし、ほとんどの千手観音像は四十二臂《ひ》です。両側に二十本、二十本、そして真ん中の合掌されている二手で合計四十二臂となります。この四十二臂で千手を表す意味については、またの機会にしますが、千手とは、あらゆる方法によって、人々を助けるという象徴です。例えば四十の手には、小さなお屋敷みたいな、宮殿を持っていたりします。これは疲れている方には、その宮殿を差し出して、休ませてあげる。あるいはブドウを持っていたりします。ブドウは、お薬でして、薬を与えて身体を癒すというわけです。

□心が通じ合っている世界

観音さんというのは、常にあなたのそばにいますという仏さんなのです。観音様は、私はあなたの横にいるよと言っておられるのですが、本当かと疑うのも、そうだと感じるのも私です。信じられるかどうかは、私の問題ということです。

皆さん、いかがでしょう。観音様、仏さまの存在を実感されたことがありますでしょうか。観音さんと出会うとはどういうことかとよく尋ねられます。禅宗などで隻手音声《せきしゅのおんじょう》という有名な公案がありまして、両手で叩く音、この音を片手で出してみろという問いかけです。要するに、私一人では音を出すことができず、他者と相まった世界が音の世界なのです。私とあなたという二元が一元になった世界が観音さんの世界。これは、仏教全般的にそうなのですが、仏さまの御心と私とが一緒になったときに、仏さまに出会えるということなのです。

この間、住職がある方から話を聞いて、まさに観音さんの世界だと実感したことがあったそうです。その話とは、放課後に校庭の裏山で子ども二人で遊んでいたそうです。そこにちょっとくぼみのような穴があったのです。高学年ぐらいだと出られそうなところだったようです。そこに一人の子どもが落ちたそうです。一緒に遊んでいた子どもはビックリして職員室に走って、先生を呼びに行きます。「先生、大変。○○ちゃんが、高い穴に落ちた」。こう言ったのです。

先生はびっくりして、走って行きましたら、子どもがその穴の底にいるわけです。幸いにもなんの怪我もなく助けられ、よかったという話だったのですが、後日、職員室でその話になったのです。それは、「なぜあの子は高い穴に落ちた」と言ったのだろうというとでした。正しくは「深い穴」ではないかというのです。深い穴に落ちたと言うならわかるが、高い穴に落ちたと言うのはどういうことなのだろうと話題になったようですが、結論的には、気が動転して、そう言ってしまったのだろうと終わりかけたそうです。

そのとき、そこにおられた教頭先生が、「いや、あれは高い穴に落ちた」で正解だとおっしゃったそうです。なぜかというと、高い穴というのは、下に落ちた子どもの見た世界なのだ。要するに、落ちた子どもはびっくりします。上を見たら高い穴です。出口は高いところですから高い穴です。上にいる子どもの目には下に落ちた不安な子どもが見る世界と一瞬にして同じ心となり同じ世界が見えていたのです。ですから、慌てて職員室に走って来たけれども、その子どもの心は、その穴の底にいるその友達と同じところにあった。だからこそ、高い穴に落ちたと言ったのだと受け止められたそうです。まさに二者が一つの心になった世界です。

つまり私とあなたというのが、ほんとに溶け合った世界が実は、仏さまに出会っている世界であり、仏さまの世界なのです。あらためて考えると、そのような体験というのは、日常生活の中で難しいと感じるかもしれません。しかし、本当は誰しもが持っている心なのだと思います。

このことを考えさせられることがありました。先の東日本大震災のときです。友人のカトリックの神父さんが三陸の沿岸にある教会に派遣されました。現地で、いろいろ対応されていたのですが、あるとき、電話で復興支援や町の方の様子をうかがいました。

その際に、そのまま聞くと誤解があるような表現ですが、「ここにはパラダイス（天国）があった」とおっしゃったのです。あまりにも想像とかけ離れた言葉だったので驚き、どういうことですかと思わず聞き返しました。すると、「たくさんの方が津波に流されて亡くなった。そしてまた家も財産も流され、生活するのも大変であった。そのときに、みんながみんなのことを思い、互いに励まし合い、互いに自分のことがどうこうではなくて、人のために働いていた。極限の状態であっても、私のためではなく、みんなが私のために、私がみんなのために考え動き、存在していた。それはまさにパラダイス（天国）のような世界であり、震災直後、大変なときであったが、この被災地に素晴らしい愛があった」とおっしゃいました。

仏教では、自他が一元になったことを自他一如《じたいちにょ》、融通無碍《ゆうづうむげ》の世界と言うのですが、まさにその感覚の世界が観音様の世界なんだろうと思いました。

□命の時間感覚

このようにみんなの心が通じ合っている世界が実際にある一方で、私たちが日常見聞きしている現実の社会はこれとかけ離れた世界があるわけです。個人主義というか、何事も自分だけという考え方が強くなって、私たちが一人だけでは生きていけないということが、だんだんと感じられなくなってきています。その原因はいったいなんなのでしょうか。

いろいろありますが、今回二つ挙げるなら、一つは命の時間感覚が薄れているのではないかということです。いわゆる縁の感覚やその実感です。「聞法因縁五百生《もんぽういんねんごひゃくしょう》同席対面五百生《どうせきたいめんごひゃくしょう》」という言葉が仏教にあります。法話の席などで皆様と「はじめまして」とお会いしていますが、ここでお会いするということは結果なのです。つまり、過去において、出会うという何か原因があって、今こうしてお会いしているのです。そして、こうして今日、お会いしたということは、未来世においては、これが原因となって、また出会うという結果になるということです。

　ですから、この今、私たちが生きているこの間だけで考えたら、「はじめまして」となるのですが、命という長い、果てしなく長い時間から考えたときに、私たちのこの出会いというものは、実は過去世からつながって、今また未来世につながっていくという縁のメカニズム・図式に生きているのです。しかし私たちは、生まれて死ぬといういわゆる一生の、この間しか考えられない。考えられないと言ったら変ですが、あの世や未来を見たことがないから実感を持ちにくく、受け止めにくいですから、そのように感じないのです。

　本当は過去、現在、未来という想像のつかない長い時間の中に生きているということです。よく結婚式などで、宿縁純熟《しゅくえんじゅんじゅく》してという言葉があります。縁が純熟するというのは、お互いの長い命の時間の流れの中で出会う縁が調い熟していくということです。

最近、あまり聞かなくなりましたが、「袖すり合うも多生の縁」という言葉もあります。先ほど言いましたように、過去、現在、未来という長い時間の中で生まれかわり死にかわりしております。その縁の中で、今こうして、ぜんぜん見知らぬ人と袖がスっとすれ合った。ただそれだけなのですが、実はその長い命の時間から見たら、これは、偶然でない必然の縁があったということです。

そうは言っても、電車に乗って隣に知らない人がいたとします。この人と私とは、言葉を交わすことなくどこかへ行って、もう二度とこの世の中で会わないかもしれない。たしかに会わない確率のほうが高いでしょう。そのようなことで縁が本当につながっているのかと思ったりします。

実は、つながっているのです。例えば、電車の線路を思い出してください。二本の線路は、絶対に交わることはないのです。今言った電車の隣の人と私とみたいにかかわることのないのと同じですよね。しかし、線路と線路はまったく関係のないように感じますが、よく考えると線路と線路の間には、均等な間隔という縁によって関係が成り立っているのです。ですから、ひょっとしたらこの隣の人と私とが、この先まったく会わないかもしれません。しかし、その間には、この線路で言うならば、均等な間隔の縁があるように、私とこの人とはなにかしらの縁があるのです。

けれど、具体的にどんな縁があるのか私にはわかりません。仏さんしかわからないことだと思います。しかし、なにかしらの縁があるのは事実です。私たちの命は過去、現在、未来の三世にわたる長い時間感覚の中で魂と魂同士の交流がなされているのであります。このような細かな網のような複雑で果てしなく大きな縁の中で生かされていることを感じるのです。

話は変わりますが、殺人事件が報道されるといつも思うのです。人を殺した犯人がいる。殺された人がいる。犯人が捕まると、日本は法治国家ですから裁判があり、そこで判決が下ります。無期懲役であるのか、懲役二十年であるのか、わかりませんが、それで社会的な罪、制裁が加えられます。殺したという事実は消えませんが、刑期を全うすれば社会的な、法治国家としての罪は償われます。

しかし、今話した命、魂の三世の時間で考えると、さらにこの後、恐ろしいことが待っています。例えば、殺した犯人が刑期を終えて、世の中に出てきます。それで、そのまま人生を生きるかもしれません。しかし、この人もずーっと生きているわけではありません。必ず死ぬときが来ます。やがて、この犯人が死にまして、三途の川を渡るときに、先に逝ってます殺した相手が目の前にいるわけです。そのときに、「お前はなぜ殺したんだ」と当然、向こうで怒り悲しみの心で待っていると思うのです。本当に逃げるところはありません。

この世で、腹が立ったからとか、この人を殺してお金を奪おうなんてことで、罪を犯し、そして罪を償って出てきたとしても、この命の長いスパンで考えたときには、その殺した相手があの世でちゃんと待っているということですから、そこからが本当の地獄でしょう。

この命の時間感覚というのは、個人の宗教観や死生観に基づき、倫理観をも支えていることがわかるのです。

この生きるという魂のサイクルを、仏教では「四有《しう》」と言います。まず「生有《しょうう》」。おぎゃーと生まれます。で、死ぬときが「死有《しう》」。その間が「本有《ほんぬ》」。いわゆる生きている間です。一般的に一生と言われる期間です。そして死有から次にまた生有となるわけですが、その間があるのです。死有から次の生有に行く間、これを「中有《ちゅうう》」と言います。

この生有、本有、死有、中有、そしてまた生有へという流れで魂は動いていると仏教では考えます。ちなみに中有は、時間にして四十九日間あるとされます。この中有が満ちたときが満中陰《まんちゅういん》です。

私たちがこの世の中で、一生懸命経験したことは当然良いことも、悪いこともあります。そのプラスとマイナスが、死んで清算されるのではありません。次の世へ相続されるのです。次の世の中に生まれ出たときに、前世の良いこと悪いことをキャリーオーバーして出てきます。だからこそ、できるだけ、この世の中で良いことをしましょうとなるのです。良いことをして、抱えている悪いこと全部を良いことに変えていくのです。負債である悪いことがすべてなくなったとき、初めて仏さんになれるというのが、仏教の命の流れの基本的な考え方です。

私たちは人生八十年と言うならば、八十年の中で出会い、そして別れていく一瞬だけで終わるような世界に、実は生きていないということです。

誰も見てないから悪いことをしてもいいだろうとか、今だけという考え方というのは、仏教的に考えれば、そんな単純な話ではありません。この三世にわたる命の時間感覚というものが、今の世には特に大切なのではないかと思います。

□直感的感覚の大切さ

さて、もう一つは何かと言いますと、絶対的なものです。つまり、直感的な感覚です。例えば、私は、あの人が好きです。これは直感的感覚です。しかし、この人のどこが好きか嫌いかなどを聞いたときに、その理由を答えます。この人は、性格がやさしい、目がくりっとしているとか、ああだこうだと。この答えるときには、好きなことの構成的な話が出てきます。いわゆる相対的なことです。好きであることの構成要素を伝えることで初めて、相手に好きなことが伝わるのです。

この頃感じるのは、だんだん世の中、直感的なものが許されてないというか、排除されているのではないでしょうか。ある意味、当然のことかもしれません。でないと、意志疎通ができません。例えば、Aさん、Bさん、Cさんがいて、私はAさんが好き、私はBさんが好き、私はCさんが好き、それぞれ、直感的に好きだとします。そうしたときに、この好きというところの条件が皆、それぞれバラバラですから統一できません。そうすると、三人の集団の中においての意思統一ができませんから、それをちゃんとわかるように根拠を示す必要があります。

しかし意志疎通することも大事なのですが、例えばこの人が好きという直感的で純粋なものが、伝えるために構成を分析したりすることで、純粋性を失い濁ってくるような感覚を私は受けています。

白洲信哉さんという美術評論家がおられます。白洲次郎さんのお孫さんで、おばあちゃんが白洲正子さんです。あるとき講演会があって、聴きに行ったときの質疑応答が忘れられません。根来塗の話でしたが、聴衆の方が手を挙げて、「白洲先生、根来塗のいいところはどこですか。わからないので教えてください」と言ったのです。そのときの白洲信哉さんの答えが面白かったのです。

「ここで私がどうこう言うよりも、あなたが好きか嫌いかだけの話です。ここがいい、ここが悪いというのは、私はこう思うけれど、あなたがそう思うとは限りませんでしょう。ですから、あなたが好きか嫌いか、この根来塗がいいか悪いか、あなたの判断ですから、それはあなたがみつけてください」。

このような返答だったのです。まさに直感的なことです。好きか嫌いか、良いか悪いかは、私の直感的な感覚で決めればよいのです。誰が良いからと言っても私がどう思うのかは本来、別です。

「この絵、百万円するらしいで。おー、それはすごい。いい絵なんだろうな」。こういうふうな感じなのです。この絵が好きというときに、百万円か一千万円か、十円か百円か、それは関係ないのです。百万円だからすごいというような構成的、相対的なところから見たことを直感的なものと錯覚してしまうのでしょう。

華道家の方と話していても、華道というと、やはりお金がかかる、ハードルが高くて大変そうというイメージを持たれていて、なかなか拡がらないとおっしゃいます。しかし、例えば本当は道端に咲いているタンポポをガラスコップにでも水を張って、そこに一輪差して、窓辺において、「ああ、きれいだな」と思う心が、まず大切です。

要は、華道と聞くと、こう生けなければならないとか、構成的なものを先に考えがちになってしまって、直感的にまず、お花が美しい、きれいだと感じているようで感じていないのではないかと思います。

私は、上智大学のグリーフケア研究所で、グリーフケア実習のお手伝いをしています。六人の受講生と二人のスーパーバイザーがグループに入ります。五十分をひとコマとして、受講生が自分の成育歴とか死生観とか、いろいろなことを話します。

これは、その場にいるメンバー全員が守秘義務を負いますので、そこで話したことは一切口外してはいけないという保証の中で行います。自分の生まれ育ってきたことや誰にも話せなかった心の傷も、そこで話をして仲間が分かち合います。ケアされることでケアすることを学ぶのです。

分かち合うときには、「こうすればいいよ」や「そう思っていたんだね」と、ついつい言葉を返しがちです。しかし、それをやってはいけません。なぜなら、それは評価です。今お話しした構成的なものなのです。そうではなく、あなたがその話を聞いて、どういうふうに感じたかということを返します。ですから、直感的で、ものすごく抽象的です。話を聞いて、すごく心が寒く、冷たく、もう息ができないような感じになったとか、ふっと力が抜けた感覚がした、そよ風が吹いてきて、花の香りがしてきたとか、そういう返答をするのです。

評価ではなくて、どう感じたのかという自分の心に起こる揺れや動揺を味わうのです。心に湧き起こる感情を拾い上げるような感じであります。

普段、相手の話を聞いて、受け取っているようで実は評価をしている。それを気づかないうちにしていることが、多いのではないでしょうか。これは、二者が融通無碍である一元の世界にいないということです。自分は一元のように思っていても、実は評価をしている二元の世界に、まだあるということです。この直感的な感覚と相対的、構成的な思考のバランスが、今の世は大事なのではないかと思います。

私たちは、今生きているこの世だけではなく過去・現在・未来という時空を超えた縁によって、連続性の中で生かされているのです。それは、決して人だけではなく自然環境も同じです。私たちが人間も自然の一員であることを忘れて自然を破壊していけば、その原因が縁となって子どもや孫の世代に悪い結果として引き継がれていくのであります。その根本には、私だけよければという考えがあるのではないでしょうか。

言い換えると、他者に対する無関心とも言えます。人に対してもついつい評価をしてしまい、本当に寄り添えているのか、あらためて考える必要があると思います。「人」という字は、寄り添い支え合っていると言われます。人は生きる中で絶えず喪失体験を繰り返していきます。悲しみの中に生きるからこそ、「人」の字が示すようにお互いが支え合い生きていくことが大切なのではないでしょうか。

□人の心の反映が世の中

今、お話ししていますす根本は、やはり私の心のありようなんですね。心のありようが私や社会をつくっていますし、変えていくこともできます。「身土一如《しんどいちにょ》」という言葉があるように、社会は私たちの心の反映なのです。私たちの心のありようやひずみが社会にも大きな影響を与えます。

この心のひずみを放っておきますと、ぎっくり腰のように、あとあとひびいてきます。人間の心がくずれてきますと、この世の中がくずれてきます。よく、殺伐とした世の中と言いますが、殺伐とした世の中というものはないのです。殺伐とした私の心があるということです。私の心の反映が、この世の中です。

例えば、高層ビルの上から下を見たときに、たくさんのビルがあります。この建物全部、人間の頭の中から出てきたものです。人間の頭の中で、この建物を造って、こういうふうな街を造ろうと思うがゆえに、こういう街ができてきます。

ですから、世の中、苦しい、暗い世界だと言うのならば、私たちの心がそういう心だということです。しかしどうしても、私というものをついつい、カッコにくくってしまい、無関心になっているのです。自分だけは関係ないと思ってしまいます。

その最たるものが、「どうして人を殺してはいけないのですか」という質問です。

数年前、子どもたちの会があり、そこで質問されました。皆さんはどう思われますか。そのような質問のとき、「殺す」という言葉に気が向かうと思いますが、私は「人」に注目したいと思います。この「人」って、いったい誰なのでしょうか。ついつい「人」と言うと、どこかにいる人の存在を感じますが、実際に「人」という人なんていないのです。それぞれ名前があり具体的に存在する方です。ほんとは、「○○さんを殺していいのですか」という質問のはずです。つまり、「人」という言葉で実体感を失っているのです。私が殺す・殺されるというような想像まで及ばず、仮想現実的なところから実感も私も関係がないと考えていると思います。

仏教というのは、先ほど言いました一元の世界、私とあなたがつながった世界と言いましたが、そこの私をカッコにくくってしまいますと、「自他一如」のつながった世界というのには、到底行き着かないのです。

私も小学校の同窓会がありまして行きましたが、みんな、歳をとっているのです。ちょっと髪の毛が、さみしくなってきた者もおります。でも、彼だけが歳をとっているのではないのです。私も歳をとっているのです。私というのが、そこで抜けているのです。

カッコを外した私が、ものごとを考えると、この生きるということが、すごく責任があって、長い命を預かり、その中で生かされていることに気づくのではないでしょうか。

「直心《じきしん》」という言葉があります。直付《じかづ》けの心というように、その心で、心だけで、触れてみるということです。仏教の修行の多くは、外界との交流をシャットアウトして行います。いろいろな情報が入ってくるのではなく、一回止めて、私をゆっくり観察する時間が与えられます。掃除をしながら、今までなら気づかなかった花を見て、きれいだなとか、明け方、お堂に行くときに、まだ出ているお月さんの光を見たときに、今までと違う光を感じたりします。

心というのは、常に外界からいろいろな情報にさらされています。気づいていませんが、私たちの心は常にいっぱいいっぱいになっていたりします。その証拠に悲惨な事件・事故の話の多くは、乱暴な言い方をすれば聞き流しているだけではないでしょうか。テレビのワイドショーなどを見ていても、今日、ここで交通事故があって、子どもが亡くなりました。ここで殺人事件がありました。ここで火事がありました。一つずつ受け止めていたらもう、心が悲鳴を上げます。

その大量に流れてくることを聞き流しているというのは、私たちの心の防御本能だと思います。これらを一つずつ聞いて受け止めていたら、心が耐えられません。右から左へ流さざるを得ないということは、私の心の容量を超えていることを意味しています。だからこそ一度、情報を止めて、私の心の容量の中でゆっくりと、きちんとものごとを直感的にも構成的にもとらえ感じることをしなければいけません。

しかし、日常生活の中で突然携帯電話の電源を切り、誰も人のいないところに行って、じっと座って心を休めようものなら捜索願を出されてしまいます。現実問題として、そのような時間をつくることは仕事や家庭を考えると困難なことだと思います。ならば、朝、家を出て、会社に行く途中に、道端にそっと花が咲いていたとか、今日の空の色はどうかなあとか、直感的に心の中から湧き起こる何か一つ、一日の中に何か一つ、美しいものであったり、きれいだなと思うものを何かしらみつけることを少しするだけでも、心の余裕ができてくるのではないかと思います。

満開の桜をパッと見たときには桜一面の景色ですが、よく見ますと一輪一輪、花びら一枚一枚、全部違うのです。その一枚一枚の花びらに気づける、そういう目を持たないといけないのではないでしょうか。

観音様はあなたのそばにおりますとおっしゃっています。言い換えると、今、申しましたように、直心という心と心のつながり合った世界の中におられるということです。

日常生活の中で一つ、美しいものに触れるというその直感的なものを心の中で受け止められるだけの余裕を少し持つ、また、命が長い時間の中で、生かされ続けているのだという感覚を持つことで、高い穴に落ちたと言った子どものように、評価するのではなく本当の意味で寄り添っている人と人の関係、心のつながりができるのではないでしょうか。

そうすればこの世の中は、誰が何をするわけでもなく、仏さんの浄土に変わることは間違いないのです。私たち一人ひとりがそういう意識を持つということが、特にこれからの世の中、大事なことではないかなと思うわけです。

では、次に、そもそも私の命を考えてみたいと思います。

□自分の死をどう受け止めるか

仏教というと、宗派がいろいろございます。浄土宗や曹洞宗、真言宗など、いろいろな宗派がありますが、もともとはお釈迦さんです。宗派によってそれぞれ説き方は違いますが、お釈迦さんがおっしゃった根本的な、仏教のどこの宗派にも通じる根本的な問題というのは何か。それは、「生きる死ぬ」ということです。これはどんなに宗派が変わろうが同じ、共通のテーマです。それをいかにとらえ考えるかが皆、違うだけです。

お釈迦さんは、ご存じのとおり、今から約二千五百年ほど前になりますが、インドのシャカ族の王子様として誕生します。父はシュットーダナ王、母はマーヤ夫人です。ところが、生まれて七日目に、生みの母親、マーヤ夫人が亡くなってしまいます。そこで、お母さんの妹マハパジャパティさんに育てられます。

お釈迦さんは、王子様ですから夏の暑いときは、オアシスがある涼しいところに身を寄せたりして、何不自由のない生活をしています。お金も権力もなんでもあります。したいことはなんでもできます。けれどもお金や権力、身分があってもどうしようもないことがあります。それは、老いや病。そして死です。

これは、どうしようもないのです。どのような人でも、平等の問題です。王子様であったお釈迦さんは、この命題に直面されたのです。これは私の受け止め方ですが、お釈迦さんがなぜ老病死という問題にぶち当たり苦しまれたのかを考えるとき、そこには実母の死があったのではないかと考えるのです。幼少といっても生まれて七日目に亡くなっていますから、お釈迦さんの記憶に実母の姿はなかったと思います。母の妹に育てられ王族の子として成長していく中で、財力や権力、身分など、あらゆるものごとが掌中にあってもどうすることもできなかったのが、亡くなった実母にひと目会いたいという思いだったのではないでしょうか。この思いが、老病死という人間の根本命題の解決の道に突き進む原動力になっていたのではないかと思います。それが出家へとつながるのではないでしょうか。

そのきっかけとなったのが「四門出遊《しもんしゅつゆう》」と言われるエピソードです。お城の東側、南側、西側、北側、それぞれに門があり、ある日お釈迦さんは、東側の門から街へ出られました。そのときに病の人に会います。次に、南側から出ると老いた人に会い、西から出ると亡くなった人の葬列に出会ったのです。そして最後に、北の門から出たときに、すがすがしい顔をした聖者に出会います。その聖者に会ったときに、なぜこれだけすがすがしいのだと聞くと、すべてのものを離れて出家していることを知ります。

そこで、お釈迦さんは、よし、お城を出ようと出家を決意されるのです。四門出遊で老病死に直面されましたが、これらの苦は生まれ生きる中にあります。この場合の「苦」とは「思うようにならない」ということです。この「生老病死」という四つを仏教では「四苦」と言います。この「生老病死」を教養としてだけではなく自分の問題として受け止め考えることが仏教での「命」を考える出発点となります。ところが、なかなか自分の問題としてとらえられません。このことを実感することがありました。

最近、よく言われる終活というのがあります。就職活動と違いますよ。亡くなる準備ということですが、要するに自分史的な部分もありますし、自分の財産は誰にいくらあげたいとか、葬式のときはこのような音楽をかけてほしいとか、こういうふうな演出をしてほしいとか、もしくは家族みんなに看取られて、そっと逝きたいとか、いろいろな思いがそれぞれにあります。それを皆、書いておくのです。

自分が死んでからでは、ああしてほしい、こうしてはしいとは言えません。先に周囲に伝えておかないといけませんので、ノートに書いて家族と共有するわけです。自分で書くだけで満足したらいけないのです。周りの人に知っておいてもらわないといけません。

例えば、お父さんが、こっそりと静かに、家族葬で送ってほしいと言ったからといって、いやいやお父さん、会社の社長をしていたのだから、いろいろな人が来るだろうし、遺されたほうは大変ということになりますから、そういうところはきちっと話しておかないといけません。

先日、ある講演会で保険関係の方が、自分のお父さんを看取った際にエンディングノートがあったおかげで父親らしい葬儀ができて、その思いが伝わった経験を話されました。話を聞いていて、ふと思ったのです。「自分が死ぬときに、お金はこれでいい、お葬式もこれでよろしい。自分の思いもいろいろな人に伝えられた。これで、大丈夫だ。心おきなくいつでも、お迎えどうぞ」となったとしたら、そのときエンディングノートには書く欄のない大きな問題が、家族ではなく私自身に去来してくると思いました。

何かというと、「さあ、憂いはなくなった。では、死にゆく私は本当に大丈夫か」という、自分の問題です。つまり、エンディングノートを書けば書くほど、クリアになってくるのが、自分の死そのものです。エンディングノートを書くことは、ものすごく大事です。決して否定しているのではありません。いろいろな人に、そういうことを伝えたいという一つの形ですから大切です。しかし書き終えて、これでよし、終わったではないのです。そこに残る最後の大きな、これが、いちばん大切な問題です。「誰になんぼ、この財産をやろうか」とか、そのような次元の話ではないのです。自分の命を最後、どう受け止めるのかというところが、明確に出てくるのです。

言い換えると、エンディングノートを書けば書くほど、自分の死というものが大きく見えてきて、不安になってきます。これが大事なのです。そこに大きな問題があるのです。これをどう考えるのかが、私たちの生きるうえで、いちばん大事なところです。乱暴な言い方をすれば、お葬式であろうと、財産であろうと、最後は、遺された人間がやります、なんとでもなります。しかし、家族でも他人でもなんともならないのが、今言った自分の死という、そこの部分なのです。

知り合いのお寺の信者さんで、バイクに乗って日本中を旅行するのが大好きな人がいます。その方は早くに会社も退職して、ちょっと多めに退職金をもらったので、大きなバイクを買って、日本全国を走り回っていました。あるとき、夏の爽快な北海道を走って、おいしいものを食べ、温泉にも入って旅をしていたそうです。すると、何か調子悪い。通りすがりの病院へ入り検査してもらったら、すぐに家へ帰って、大きな病院で診てもらいなさいと言われたのです。これは、少し大きなことだ思って、すぐに帰り、地元の大きな病院に行って調べてもらったら、胃がんと診断されたそうです。

すぐに手術となり成功しました。さすがにそのときは、少し落ち込んでいましたが、元気になってまた、バイクで旅をしていました。ところが、三年たったときに再発したのです。転移も手術で切除できたそうです。

退院されてお会いしたときにお話ししていて、とても印象深い言葉がありました。「私は、この病気に負けたら死ぬ」。最初は、「そうだなあ」と聞いていました。この病気に負けたら死ぬ。たしかにその通りです。がんに負けてしまったら最後は死ぬ。しかし、何度も繰り返し聞いているうちに、ふと思ったのです。

「死」に戦いを挑んだら一〇〇パーセント負けるのです。これは、絶対負けます。これに打ち勝った人が、今まで一人もいません。病というのは、問題です。ですから、その問題に、どう対応するのか。要するに、手術をしたりとか、お医者さんと一緒に戦っていこうとするのか、もしくは病気によっては共存しなければいけない場合もありますから、気長に共存していこうということもあります。

病に対しては、問題ですから、どのように解決するのかが大切です。しかし、今言いましたように、死というのは戦いを挑んだら、これは大変なことになります。死は、戦うのでも問題でもなく、受け入れることなのです。

病と死というものが、病気と戦っていこうとする中で、これがだんだんと一緒になってしまうのです。病と死というものを、どこかで分離しておく必要があります。これが一緒になってしまうと、病に負けて死んだならば、死んでいった人たちが、皆、負けた人になってしまうのです。病が原因であっても死は受け入れざるを得ないのです。とはいえ、簡単な話ではありません。自分で自分の死を受け入れることは、表現できるような生半可なものではないのです。

私のグリーフケアの師に、カトリックのシスターで上智大学グリーフケア研究所特任所長の高木慶子先生という方がおられます。この先生が、こういうことをおっしゃっていました。

五十歳くらいの男性が、会社の健診で胃に変調があり、精密検査をすることになった。ついでに人間ドックみたいなところに入ったらどうかということで検査入院をされた。診断の結果、胃潰瘍だったそうで入院治療となったそうです。

しかし、この男性は、「みんな、黙っているけど自分は胃がんや。もう僕は死ぬ」と思っていたそうです。周りは、「お父さん、大丈夫よ、本当に胃潰瘍だから。胃がんと違うから」と言っていたのですが、頑としてお父さんは信じないのです。「みんな、気をつかって、胃潰瘍と言ってくれているだけだ」と言って、どうしたかというと、シスターの高木先生を呼んでほしいということだったそうです。

先生は、病院に呼ばれたので、病室に行ってベッドサイドに座り、「どうしたの」と話を聞いたら、「みんなは気をつかって胃がんだけれども胃潰瘍と言うてくれている。けど、本当はもうあと少しで死ぬんだ。子どもたちのことも、もう嫁さんにお願いした」と。

ところが、一つだけ、誰にも言ってないことがあると言うのです。そのとき、高木先生もなんなんだろうと思ったそうです。そうしたら、「小学校五年生のときに、駄菓子屋に売っていた漫画の本を万引きした。それは誰にもばれてないんです。しかし、このまま僕は死んだときに、地獄に落ちるかもしれない。閻魔さんに会って、怒られるかもしれない、どうしよう」と、不安になったのですね。それで、シスターが呼ばれたのです。シスターは、「今、あなたがここで私に言ったのでしょう。ですから、神様も、それであなたのことを許してくれるわよ。神様ね、そんなちっぽけなことで、どうこう言うような方ではなくて、人間には計り知れない大きな方だから」と話されたので、その方は安心されたそうです。

自分の死というものを目の前にした瞬間に、自分も忘れていたような記憶が、いっぱい出てきます。それも含めて、謙虚に受け入れないといけないのです。

それまでの人生、生きてきたことをどのように受け入れていくのかということです。死んで行くということ、いわゆる死に様というのは、生き様と一緒なんだとよく言いますが、まさにこういうことなのです。

ある方から生き様、死に様を考えさせられる話を聞きました。実話だそうです。あるおじいさんがいて、ものすごい強欲な人だったそうです。なんでもお金、お金という感じで、みんなから疎まれていたそうです。ところが、自分が病気になって、もうわずかで死ぬとわかったそうです。そのときにこのままではいけないと改心して、今までやってきたことを反省し、最後に「自分が亡くなったときに、棺桶に、手のところだけ開けてくれ」と言ったそうです。どういうことかというと、棺桶から手をにゅっと出した状態のままで葬式を出してほしいと言ったそうです。

実際に見たら、結構ビックリする光景です。棺桶から手が二本、出ているのですからね。要は、何がしたかったかというと、その方は今まで、ものすごい強欲な生活をしてきた。人に対してそういう振る舞いもしてきた。しかし、死んでいくときは、お金を一銭も持っていくことができない。何も持っていくことができない。生まれたときと同じ、裸一貫でしか死んでいくことはできないということを最後に伝えて死にたいということで、そうされたそうです。

実際、手を出したままにしました。お葬式のとき、その姿を見た弔問の方たちは、なんと言ったと思いますか。「あー、あの人は生前、欲深かったから、死んでからもお香典を持ってこいと言って、手を出してるわ」と、こういうふうに言ったそうです。

おじいさんの伝えたかったことを知っている人が、それを聞いたときに、「いやー、あの人は途中でそうではないということに気づいて、それを最後、言いたかったけれども、あの人の生き様というものから、最後の死んだ姿を見たときに、みんなはそうは思わずに、さらに香典を持ってこいと手を出していると思った。これもあの人の生き様の一つなんだなあというようなことを感じた」とおっしゃっていました。

私たちは、死ぬというのは、何か遠い対極にある話のように思いますが、生きるということと、死んで行くということは、葉っぱの裏表の話なのです。ですから、生き様と死に様というのは、まさに一緒なのです。私たちが、より良く死んでいくためには、どういうふうに生きていくべきかを考えなければならないのです。では、どういうふうに生きるべきなのか。これは先師先哲が、いろいろ説かれております。

しかし、それらをひと言でいうと、やはり生かされているという感謝の心にあります。

これがいちばんの根底にあります。

ありがたいということ、感謝というのは、そのものごとに対して受け入れる受動的な心です。ところが、人間というのは、発信するのは得意です。積極的に自分の思うことは言います。よく子どもにも自己主張しろと教育します。しかし一方で、その主張する分、相手のことを聞いているでしょうか。自分が発信する分、他人のことも聞けているかというと怪しいです。発信するのは得意ですが、受け止めるという受信側が、人間は、どうしても不得手なのではないかと思います。

□実際の世界と観念の世界

先日、強風でテレビのアンテナがずれて、まったく映らなくなったのです。電気屋さんが、わずか五ミリ、ずれを修正したらテレビがパッと映りました。アンテナがわずか五ミリのずれで映らないのだったら、人間の心は見えないうえに数値化できない分、心の受信機をよほどちゃんと調整しないかぎり、きちんと相手のことを聞けていないのだろうと思いました。

その聞けなくする原因というのが、やはり人間の中にある自我のせいなのです。「私が」というものです。集合写真でも最初に、自分がどんな顔をして、どこに写っているだろうと探す心です。ただ、自我というのは、よく、自我をなくせと言いますが、なくし続けたら最後、どうなるかといったら、生きていけなくなるのです。生きるというのも、実は自我です。生命を維持しなければいけないという我です。

しかし、これは持っていなければいけない我です。自分の命を維持し、そして、人々と一緒に、共にあろうとする我はいいのです。

今、言いましたように自我というのが、人間のいちばん厄介なものなのです。私たち人間というのは、自然界の中に生きています。太陽の光があり水があって、自然のエネルギーがあって、そういういろいろな力によって、私は、今ここにいるわけです。

ここにいる、生かされているにもかかわらず、忘れてしまい「おかげさま」ではない心になります。すると、どうなるかというと、自然と人が相対の関係になってしまいます。この最たるものが東日本大震災のときに、四六時中テレビから流れた、「想定外」という言葉です。

自然にしてみれば、人間というのは、つい最近、出てきた生物です。人間は科学の力によって、ここまで波が来るだろうとか、これだけの揺れには大丈夫だということは、ある程度、予想できます。しかし、それが万全であって科学が自然を超えるかというと、そうではないのです。

やはり科学者は、科学がまだまだ自然のほんの一部しかわかってないということをよくよく理解しています。ですから、それがすべて想定し得る問題ではないのです。今可能な、人間の能力の最大限が、今の想定なのです。自然からしてみれば、あきれられているかもしれません。あくまでも人間というのは、自然の中で生かされているという、ここのところの心をなくしてしまったら、自然と私とは相対する両極になってしまいます。そのときに、「想定外」という言葉が違和感なく通用する世の中になるのです。

これは、震災が今の社会に対して、われわれ人間の生き方というものに対して警鐘を鳴らしている大きなことだと思うのです。例えば、お腹が減ったらご飯を食べます。それにはお米が必要です。お米も自然の力によって稲が成長し実らせています。人間はそれを食べて生きています。のどが乾いたら、蛇口をひねって水を飲みます。その水も、山の水、川の水があって成り立っています。

人間は生きるうえで自然の恩恵の中にいるのですが、忘れているのです。あることが当たり前になっています。すると、生かされている世界から次の世界へ意識が向きます。例えばインターネットの世界といった仮想現実の世界で、人々のつながりが構築されます。そこに人間が生きているような感覚に陥ってしまいます。自然の中に生かされているにもかかわらず、まったく別次元で人が生きている錯覚に陥ってしまうという、これまた大きな問題に陥ってしまいます。

例えば、雪を手で触ったときに冷たく感じます。テレビの映像で雪を見たときには、冷たそうだなと言います。しかし実際は当然ながら、冷たいと感じてないのです。冷たいという昔の経験があり、冷たそうな雪だなと感じるだけであって、実際に、この私の手のひらから、五感からその冷たさを感じているわけではないのです。冷たそうだなと言うのは、私の観念の世界なのです。実際の世界と観念の世界という、この二つの世界が今、私たちの生きている中に混在してあるということです。

私たちは、肌身で感じて痛いと感じる世界と、痛そうだなという感覚の世界の二つの世界の中で今、生きているということなのです。

ですから、人生の終わりの死を受け入れるときに、先ほど言いましたように、終活のノート、エンディングノートを書いただけでは終わっていないと言いましたのは、まだ観念の世界にとどまっているのです。そのときに至って初めて、さあ、自分は、これからどうするとなるのであり、初めて自分の肌身に感じる死の痛さを伴った終活に変わってくるということなのです。

あらゆる世の中の問題において、私たちは実体を持っていないといけないのです。実体を持っている世界を感じられているかどうかが今、問われています。

よく、どこかで紛争が起こったら自衛隊の人が行って、ちゃんとやってくれるだろうと思いがちですが、それは自分の命にかかわっていない話なのです。私が、その現場に行く立場だったら、どうなんだということです。痛みを持った世界でいかに考えられるか。これが今、いちばん問われていることだと思います。

今、言いましたように、どうしたら私たちは実体を持って生きていけるのでしょうか。一日一回、いや、週一回でもいい、ご飯を食べる前の三分くらいの時間で、そのようなことができる方法があります。

朝、ご飯を食べます。お碗にご飯を盛っていただきます。さあ、そのときです。このご飯、この米粒は、どうやってできたのだろうと考えます。まず、太陽、水、大地が必要です。そういった自然環境が必要です。そして、田を耕してくれた人、お米となって販売をする人、さらに電気釜をつくってくれた人、電気をつくっている人、電線をつくっている人、水道をつくっている人、計り知れない人がかかわっています。それだけの自然の力と人の力がないと、この一杯のご飯がここにないのです。一つでも欠けたら、ここにこのご飯粒は存在しないのです。

私たちは、いただきますと言って、ご飯を食べて、ごちそうさまでしたと習慣的に言って、箸を置きますが、ふと考えれば、これだけの支えが裏にあることに気づかされます。少しの時間、思いをめぐらせることで、ご飯粒一粒のありがたさが実感できます。

このような問いかけは、私たちの身の回りの何に対してでもいいのです。例えば、空気だってそうです。皆、無意識に吸っています。この間、私は検査入院で呼吸器内科に一泊二日で入ってきました。私は、そのとき思いました。こんなボケっと、何も考えないで、朝、起きて、そして夜、寝ている間も、ずーっと息しているけれども、こうして空気が吸えるというのは実にありがたいことなんだなあと気がつきました。考えてみればこの空気が、一瞬にしてなくなったら、私たちは、ここにいることもできません。生きていることもできません。

しかし、この空気は、大自然の力がないとつくれません。誰かが空気屋さんの仕事をして、空気を製造しているわけでもありません。木があり、山があり、水がありという、自然の力によって、この空気があります。その空気に私たちは生かされているわけです。

ですから、何でもいいので身の回りのものから考えてみてください。自分が死ぬまで、絶対に問題に苦労することはありません。あらゆるものがテーマになりますから、そういった中で、ちょっと背景を考える。そういう心の余裕を持つ、このわずかな問いかけを持っていると、少しであっても、今、生かされているという、普段のあわただしい生活の中では感じていないことを感じることができます。

□一日存命の喜び――まだ見ぬ明日の予定を書く

観音様は常にそばにいますが、それを感じるかどうかは、あなた次第の問題ですと先ほど申しましたが、これは私たちに与えられたテーマなのです。仏さま、観音さんというのは、常に私はあなたのそばにいます。しかも、ありとあらゆる姿に変身して助けに出ていますと、お経に書いてあります。

千手観音さんに助けてほしいと願うと、千手の姿ではなく、変身されてこの世に出現されているのです。お経の中にも、三十三の変身される代表例が書いてあるのですが、あるときは小さな子どもであったり、あるときはお年寄りであったり、あるときは動物であったり、ありとあらゆる姿に変身して助けに出られるということです。

ということは、私たちのこの生きている、このすぐそばに仏さんがおられるということです。しかし、それを気づいているかどうかは私の問題です。要は、ちゃんとその姿が仏さんであるということに気づいているかどうかです。

どういうことかというと、悩んでいるときに、何かしら近所の子どもが走ってきて、何事かしゃべって、どこかへ行った。そのしゃべった言葉ひと言で、悩んでいることが、「あー、そうか」というふうに気づくことがあったとします。まさにその子どもが観音様なのです。

悩んでいる友達と、何気ない、たわいのない話をしながら、「そんなの大丈夫や」と言って、「あっはっはっはー」と笑った。そのことで友達が、「あ、そうか、大丈夫か、よし、これでいいのか」というふうになったら、そのとき、その友達にしてみれば私が観音様なのです。それは、「私が」「おれが」と言っていたら、その姿は見えません。「私はこうして生かされている、ありがたいな」というようにこの友達の存在というのがありがたいなと気づいたときに初めて、その言葉が仏さまの言葉として聞こえるのです。

ですから、私たちの、心の受け手側である心の受信機を、先ほど言いましたように、少し調整していく必要があります。少しずつ、毎日の中でありがたいなと思う、そう実感する何かを一つずつ、テーマをみつけて考えることで少しでも修正することができます。そうすると仏さまであったり、友達であったり、家族であったり、ありとあらゆる存在がありがたく、また、生かされているという気持ちに少しずつ変化し、心が動いてくるわけです。

そうすることで初めて、生かされている命が今、こうして生きているのだと、自分の命をこの社会、この世界全体の中に位置づけることができます。そうして位置づけることで、私の命をどのように最後、受け入れていくのかにつながっていくと思います。

過日、アートクリエーターの方に、お寺の話をしてほしいということで行きました。みんなデザインだ、なんだという話題で持ちきりで、私はここにいていいのかしらというような中にいたのです。お話し終わった後に懇親会がありましてある女性が、ふらふらっと私のところに来ました。二十八歳の方でしたが、お医者さんにあと五年、生きているかどうか、保証できませんと言われましたと言うのです。見た目、元気なのです。一見普通の二十八歳のデザイナーという感じの方でした。「友達は、将来の話とか結婚の話とかするけれども、私はあと五年後、生きているかどうか保証できないと言われ、私は未来の話ができないし、していいのだろうかと思う」というようなことをおっしゃっていました。

たしかに医師がそのように医学的に判断したのかと思います。しかし、私だって、歩いていて車にひかれるかもしれない。どこかの血管が破れて死んでしまうかもしれない。それは、誰も保証できるわけでもない。ですからお医者さんにそう言われたかもしれないけれども、私も実は同じ立場です。

たしかに、手帳に、まだ見ぬ明日の予定を書いています。それは誰も見てない明日なのです。けれども、誰もがあると思っています。そのように思っておりますけれど、迎えて初めてわかる明日なのです。その見たことのない、その世界に、私たちは次の希望を持って生きているのですから、あと五年、あれこれと言われるかもしれないけれども、だからこそ、今生きているということ、そしてこれから生きるということを積み重ねることによってしか、その未来はないと思います。その一日存命《ぞんみょう》の喜びをもって一緒に生きて行きましょう。それで、もし仮に、私が早いか、あなたが早いか、わかりませんが、あの世でまた会えたら面白いですよねと言って、最後、別れをしました。

私たちの命は、どのように生き、最後をどのように迎えるのか、これは自由なものです。その人、一人ひとりの自由であると同時に責任もあります。

この命をしっかりと積み重ね生きていく。それは　人ひとりの命の積み重ねによって、最後、その死を迎えられるということです。その日その日を一日存命の喜びをもって実感のある命を生きていきたいと思うのです。

＊本書は平成二十七年の清水寺中興開山・大西良慶大和上三十三回忌を機に企画され、翌二十八年上半期に行われた四師の法話から原稿を作成し、各自による大幅な加筆推敲を行ったものです。

◎著者紹介◎

大西　英玄（おおにし　えいげん）
清水寺執事補。昭和53年、京都・清水生まれ。平成元年、得度。平成12年、関西大学卒業。渡米留学を経て清水寺帰山。現在、成就院住職。

大西　晶允（おおにし　しょういん）
清水寺執事補。昭和57年、京都・清水生まれ。平成元年、得度。平成17年、佛教大学卒業。中国・北京留学を経て清水寺帰山。現在、義乗院住職。

大西　皓久（おおにし　こうきゅう）
清水寺執事補。昭和54年、京都・清水生まれ。平成元年、得度。平成13年、信州大学卒業。現在、善光寺住職。

森　　清顕（もり　せいげん）
清水寺執事補。昭和51年、京都・清水生まれ。平成元年、得度。平成17年、立正大学大学院修了。博士（文学）。現在、泰産寺住職。京都市社会教育委員。

清水寺にあいにこないか

著　者　大西英玄・大西晶允・大西皓久・森清顕
発行者　奥村文泰
発行日　平成二十九年九月一日　初版一刷　発行

発行所　株式会社日本ビジネスプラン
〒一一四―〇〇〇五　東京都北区栄町一―一
電　話　〇三―五三九〇―七六七三
ＦＡＸ　〇三―五三九〇―七六七四
振　替　東京〇〇一一〇―一―一八七六五三
乱丁・落丁本はお取り替えいたします。
（印刷・製本／日本ビジネスプラン）

編集／㈱ペネット

ISBN978-4-86114-497-4